글쓰기 명상

글쓰기명상

1판 1쇄 발행 2022. 1. 1.
1판 2쇄 발행 2022. 3. 26.

지은이 김성수

발행인 고세규
편집 태호 디자인 조명이
발행처 김영사

등록 1979년 5월 17일 (제406-2003-036호)
주소 경기도 파주시 문발로 197(문발동) 우편번호 10881
전화 마케팅부 031)955-3100, 편집부 031)955-3200 | 팩스 031)955-3111

값은 뒤표지에 있습니다.
ISBN 978-89-349-7995-1 03190

홈페이지 www.gimmyoung.com   블로그 blog.naver.com/gybook
인스타그램 instagram.com/gimmyoung   이메일 bestbook@gimmyoung.com

좋은 독자가 좋은 책을 만듭니다.
김영사는 독자 여러분의 의견에 항상 귀 기울이고 있습니다.

글쓰기 명상

알아차림과 치유의 글쓰기

김성수 지음

김영사

들어가며

'글쓰기명상'은 세상에 알려진 각종 명상법에 대한 이의 제기다. 명상이 이렇게 추상적이어서야 원! 명상이 이렇게 어려워서야 원! 명상이 이렇게 예사롭지 않아서야 원! 명상이 이렇게 재미없어서야 원! 툴툴대면서 찾아나선 결과다. 전통적인 좌선坐禪이나 행선行禪, 염불선念佛禪, 사경寫經, 만트라 등의 방식으로는 명상이 더 널리 알려지지 않을 것 같아 조바심을 내며 노력한 결과로 얻은 결실이다.

배운 게 '문자' 정도이고, 명상을 따로 배운 적 없는 극초보 수행자를 위한 수행법은 없을까? 혹시 '글쓰기를 통해 수행으로 가는 첫 계단을 밟게 할 수 있지 않을까? 왜 사람들은 지고지순한 진리의 말씀보다 본인에게 익숙하고, 간단하고, 재밌고, 가벼운 것에 먼저 마음이 가는 걸까? 왜 사람들은 진리의 말씀을 듣는 것보다 스마트폰으로 자기 생각이나 감정 표현하기를 더 좋아할까?

삼삼오오 모인 자리를 눈여겨보면 답이 보인다. 대화를 나누는 사람들의 입에서 나오는 소리를 지우고 들여다보면, 그들의 표정이 보이고 몸짓이 보이고 마음이 보인다. 물고기가 다른 물고기의 꼬리치는 모습을 보러 온 것이 아니라 자기 꼬리를 흔들어대며 물결을 거슬러 올라가기 위해 떼 지어 모인 것처럼, 사람들은 자기 언어를 토해낼 때 가장 열정적이고 힘차다.

사람은 말하고, 드러내고, 침묵 깨기를 좋아하는 존재다. 자기 언어로 스스로를 드러낼 때 행복한 존재다. 침묵, 은인자중, 거대한 우주 질서를 논의하는 자리는 끔찍이 싫어하기도 한다. 어쩌다 그런 자리에 있게 되면, 독일 점령지에 불시착한 프랑스 낙하산 부대원 같은 당혹한 표정을 짓는다. 나의 고민은 이 지점에서 오래 머물렀다. 명상의 단계에 들어설 때, 쉽고 가볍고 통상적인 도구를 들고 내 이웃과 함께 수행의 길을 걷는 것이 나의 역할인 것은 아닐까? 다시 말해서, '문자'라는 보편적 도구를 써서 '말하고, 드러내고, 질서와 무질서를 넘나들며' 이들과 함께 수선을 떨며 가는 것이 나에게 할당된 몫이 아닐까 하고 생각했다.

당신은 오늘도 글을 쓴다. 대중교통을 이용하는 도중에도 스마트폰을 꺼내어 간단히 기록을 남긴다. '피곤하다, 친구야'라고 글을 시작한다. 이어 몇 자 더 누른다. '우리 한잔한 지 벌써 두 달이네.' 한잔이라는 단어를 찍는 순간, 당신의 입안에 침이 고인다. 고인

침을 삼키며 당신은 발송 버튼을 누른다.

'글쓰기명상'은 타인과의 소통을 자신과의 소통으로 전환하는 심리공사心理工事다. 나는 지난 1년 동안 이 원고를 썼다. 그동안에도, 지금도 대한민국은 손바닥만 한 소통 기계를 만지작거리며 글쓰기 열풍에 휩싸여 있다. 생각만으로도 가슴이 뛰는 놀랍고 유쾌한 일이다. 나는 이 지면을 채우며 바람이 생겼다. 사람들이 타인과의 소통 언어 대부분이 자기 내면 드러내기임을 스스로 인식할 수 있었으면 한다.

'글쓰기명상'은 모두 34가지 주제를 다룬다. 이 주제들은 세상의 수많은 관심거리 중 100분의 1도 되지 않지만, 미래 독자의 심리적 어려움을 덜어내는 데 도움이 될 만한 것들이다. 이 34가지 주제로 글쓰기를 하면서 자기 기억이나 생각을 잘 드러나게 하는 데 초점을 맞춰 설명을 달았다.

'글쓰기명상'의 대원칙 중 하나는 '자신이 쓴 글을 아무하고도 나누지 않는다'는 것이다. 대개 무엇이든 나누는 게 좋지만, 인생에서 타인과 나누지 않는 것이 하나쯤 있는 것도 필요하다. 글을 타인과 나누지 않을 확실한 방법은 즉시 파기하거나 지우는 것이다. 그런데 사람들은 놀랍게도 자신이 쓴 글에 매료되는 경우가 잦다. 자기 외모에 반하는 남성이 80퍼센트 정도 된다고 하니, 아마도 자신이 쓴 글에 반하는 사람도 남녀 통틀어 80퍼센트 정도 되지 않을까 싶다. 당신은 어떤가? 지금 막 쓴 글을 나누고 싶은 마음이 들었던 적이 있지 않았던가. '이 글은 혼자만 보기엔 정말 아까운데….' 그러면서도 자기 볼을 꼬집어 가까스로 마음의 평정을 되찾기도 한다. 지금 자신이 쓴 글을 만약 하루쯤 묵혔다가 어디론가 보내보자는 생각을 해본 적이 있다면, 당신은 아마 보기 드물게 신중하고 현명한 사람일 것이다.

자신이 쓴 글을 굳이 타인과 나누지 않는 이유는 무얼까? 첫째는 솔직해지기 위해서다. 나는 암만 생각해도 스스로에게조차 솔직하지 못할 때가 한두 번이 아니다. 타인과 나눌 목적으로 쓰는 글이라면 더욱 솔직해지기 어렵다. 둘째는 반성과 성찰의 근육을 기르기 위해서다. 내 입에서 나오는 말은 스스로 확인할 겨를도 없이 순식간에 사라지곤 한다. 심지어 방금 내가 한 말을 기억하지 못하기도 한다. 반면 내가 손으로 직접 표현한 문자는 기록으로 남아 재확인이 가능해서 되돌아볼 수 있다. 나는 이 놀랍고 신비한 문명의 기술을 활용하면서 살맛이 났다. 이 기분을 어서 많은 이와 나누고 싶다. 자기 성찰 게임으로서 '글쓰기명상'이 지금 이 순간을 즐기는 데 도움이 되기를 바란다. '글쓰기명상'을 통해 본격 명상의 길이 사방으로 넓혀지길 소망한다.

글쓰기명상에
대한 사유

1

○

●

하고많은 명상법 중에서 왜 하필 '글쓰기명상'인가? 그것의 기본 원리는 무엇이고 어떤 마음가짐으로 해야 하는가? 이런 내용이 전개된 이번 장을 읽어가는 동안 글쓰기명상이 괜스레 어깨를 걷고 싶은 친구처럼 여겨지길 바란다.

혹시 당신도 그러한가? 나는 내 마음을 스스로 잘 읽어내지 못한다. 조금 전, 타인에게 입이나 눈이나 손으로 뭔가를 하긴 했는데, 막상 그런 행동을 한 나의 속내가 '아리송'할 때가 있다. 누군가의 칭찬을 하고 있던 참에 당사자가 다가오니까 짜증이 왈칵 일어나는 이 상황은 또 무얼까? 이럴 때 스스로 발행해놓은 마음의 영수증 같은 게 있으면 좋으련만. 가령 '내가 너를 얼마나 좋아하는지 볼래?' 하면서 영수증을 '척!' 내밀 수 있다면 오해가 생기지 않을 것이다. 내가 방금 무슨 생각을 했는지, 무슨 마음을 내고 사는지, 무슨 속셈으로 그런 말을 했는지 등의 질문에, '자, 이거요!' 하고 손바닥을 내밀듯이 자명한 뭔가가 튀어나온다면 얼마나 좋을까? '나한테 이런 의도가 있었구나' '이런 교활함이 있었구나' '이런 욕망이 있었구나' 하고 꼼짝없이 인정할 수밖에 없는 모종의 장치는 없는 걸까? 이번 장이 만들어진 배경에는 이와 같은 고민이 자리한다.

이 장은 4개 단원으로 구성했다.

첫 번째 단원의 주인공은 당신의 스마트폰이다. 이것은 '여섯 번째 손가락'처럼 지금 이 순간에도 당신 몸 어딘가에 달라붙어 있을지 모르겠다. 그것의 맑은 바닥면에서 행해지는 글쓰기를 내 나름의 관점으로 풀이해보았다.

두 번째 단원에서는 글쓰기명상과 이른바 본격 명상이 겹치는 지점을 중점적으로 조명해보았다. 글쓰기명상과 본격 명상과의 접근성을 암시하고 싶은 마음이 투영된 단원이다.

세 번째 단원에는 글쓰기를 통해 자기 내면을 드러내고 수용하는 방법을 설명했다.

네 번째 단원은 글쓰기명상에 임하는 자세에 대해 정리했다.

이 내용을 통해 '문자' 혹은 '글쓰기'라는 관념에 포박돼 있는 당신의 의식이 훨훨 날아오르기를 바라는 마음도 담았다.

왜
글쓰기명상인가?

누군가가 "왜 하필 글쓰기명상이냐?"라고 물으면 나는 즉답한다. "정좌보다 글쓰기명상이 더 쉬우니까요." 좌선보다 글쓰기가 훨씬 일상적이고, 요즘 사람에게는 특히 익숙한 일이라고 대답한다. 휴대폰은 21세기 들어 명실공히 당신의 충직한 신하가 됐다. 특히 우리처럼 문맹률이 낮은 국민에게 문자 메시지는 곧 공기와 같다. 누구나 공기를 마시듯이 길고 짧은 글쓰기를 즐기고 있다. 이동 중에도, 신호등 앞에서도 미소를 띠며 타인이 보내온 글을 읽고 쓴다. 내 아들은 자다가도 몸을 뒤집어 엎드린 채 글을 쓰곤 한다. 박달나무 탈바가지처럼 딱딱하게 굳어 있던 표정이 살아나고, 양손을 모아 기도를 하거나 다람쥐가 알밤 까먹는 자세로 글을 쓴다. 이런 세상을 20년 전만 해도 상상이나 할 수 있었는가? 대한민국의 국민은 자다가도 잠시 눈을 떠 글을 쓰고 있다. 독서량이 너무

부족하다고 걱정하는 전문가가 많지만, 나는 조금도 걱정하지 않는다. 대한민국은 지금 글쓰기를 하느라고 독서할 틈이 없다.

언젠가 회사에서 직무교육 프로그램에 '명상'이 포함된 제목을 올렸더니 반응이 거의 비명에 가까웠다. 명상의 '명'자만 듣고도 치를 떤 것이다. 그때 그들은 떠올렸을 것이다. 눈을 감은 후 척추를 전신주처럼 꼿꼿이 세우고, 가부좌를 틀고 하릴없이 앉아 있는 모습을. '아이코, 죽었구나!' 하는 소리가 여기저기에서 들리는 듯했다.

'글쓰기명상'을 구상한 가장 큰 동기는 명상에 대한 편견 때문이었다. 10여 년 전, 스무 살 갓 넘은 아들에게 제안한 적이 있다. "눈 감고 척추 반듯이 편 채 한 시간만 앉아 있으면 2만 원을 주마." 아들이 대답했다. "아빠가 없는 곳에서 하라면 할게요." 명상 아르바이트 시간당 2만 원 시대를 열고자 했던 나의 시도는 간단히 묵살됐다. 친구하고 모바일 글쓰기로 밤을 낮 삼는 아들이었지만, 척추를 세우고 꼿꼿이 앉아 있는 자세만큼은 뛰어난 대가 앞에서도 불가였다.

글쓰기명상을 하는 목적은 무얼까? 한마디로 답하면, **내면의 역동**dynamics**을 문자로 드러내는 일!** 다시 말해, 자기 내면에서 어슬렁거리는 생각이란 놈을 하나씩 몸 밖으로 건져내는 작업이다. 당신이 읽고 있는 이 글도 그런 작업의 결과물이다. 내 안을 떠도는 여러 생각 중에 한 생각을 덥석 포착해서 이렇게 문자로 드러낸 것이다. 이게 익숙해지면, 노련한 해녀가 바다에서 물질하듯이 마음속으로 '쑥' 들어가 '툭' 캐서 나오게 된다.

이때 작동하는 심리 메커니즘이 '알아차림'이다. 물속에 들어가는 해녀가, 자신이 물속에 들어가고 있음을 알고, 전복이나 해삼이 목표임을 알고, 따고 있음을 알고, 물위에 다시 떠오르고 있음을 안다고 할 때, 그 '알다'에서 파생된 어휘가 '알아차림'이다.

'알아차림'은 말 그대로 무언가를 보고 듣고 냄새 맡고 맛보고 만지는 순간, 자신이 무언가를 보거나 듣거나 냄새를 맡거나 맛보거나 만지고 있음을 '아는 것'이다. 알아차림이라는 심리적 도구는 글을 쓰는 동안 마치 한 사람의 의식 속에 던져진 낚싯줄이나 그물 같은 역할을 한다. 잘 보이지 않는 내면의 수심水深에 알아차림이라는 의식이 고요히 침투하는 것이다. 알아차림은 마음이기도 하고 그 마음을 지켜보는 또 다른 마음이기도 해서, 한 존재의 내면과 외면을 자유롭게 들랑거리면서 감각이나 느낌, 생각, 기억, 감정 따위를 포착한다.

요즘 사람들은 자의든 타의든 왕성하게 글쓰기를 한다. 물론 스마트폰의 화면이 글쓰기 게임의 장소다. 건널목을 건너면서 글쓰기를 '강행'하기도 한다. 반사적이고 자동화된 동작 중 하나라는 생각이 들 정도다.

　모든 글쓰기가 본질적으로 품고 있는 '성찰력'이라는 측면에서는 밝은 현상이지만, 그늘도 짙다. '고요히 앉아서 자기 내면에 귀를 기울이는' 전통적 명상의 시간과 공간이 그만큼 부족해졌기 때문이다. 유사 이래 가장 열악하다고 해도 과언이 아니다. 온갖 영상물과 비디오 게임의 범람, 인공지능의 발달, 스마트폰의 신체화 따위가 위협 요인이다. 그것들로 인해 마음의 방향이 내면으로 돌아올 여지가 줄어들고 있음은 분명하다. 물질문명은 오직 당신의 쾌락 센서를 작동시키는 것이 목표다. 내 책상 정면에는 'TV 보지 않기'라는 노란 경고 말이 붙어 있다. 나는 그 경고를 응시하면서 생각한다. '음, 한 시간 정도 글을 썼으니 30분만 뉴스를 보자고.' 그래서 그 30분 밀약이 지켜진 적이 있을까? 내 기억에는 단 한 번도 없다.

우리는 자기 마음 살림에 대해 무심하고 무지한 편이다. '무지'라는 어휘를 떠올리면 엄청난 체력으로 배드민턴을 치던 후배 생각이 난다. 그는 골수암 판정을 받기 전까지 배드민턴 지역 챔피언이었다. 말기 암 선고를 받은 후 90여 일 만에 한 줌의 재로 변했다. 아마 이런 유형의 이야기는 잊을 만하면 들었을 것이다. 우리는 보편적으로 자기 자신에 대해 잘 알지 못한다. 타인의 생각이나 감정에 휘둘리는 동안 욕망이라는 도둑, 분노라는 도둑, 어리석음이라는 도둑이 자기 마음의 세간살이를 망가뜨리거나 거미줄을 치면서 집주인 행세를 한다. 하지만 우리는 고작해야 상처 부위를 긁거나 문지르기만 할 뿐 별다른 대책을 찾지 못한다. 그저 때가 되면 습관적으로 먹거리를 채워주고, 목이 마르면 물을 부어주고, 잠이 오면 눕혀줄 뿐이다. 마치 주택 소유주의 책무인 보유세, 주민세, 종합소득세 따위만 납부하면 서류상의 집주인이 유지되는 것처럼. 암덩이가 주인 행세를 하건, 혈관이 막혀 헐떡거리건, 자기 생각이 아닌 남의 생각이 두뇌와 인생을 가득 채우고 있건 내가 상관할 바가 아니라는 식이다. 심지어는 모르는 게 약이라고 큰소리치면서 살기도 한다.

만약 2,600년 전 당시 붓다의 주변 환경이 지금과 같았다면, 붓다도 처음부터 좌선을 강행했을까, 아니면 스마트폰 명상을 개발했을까? 눈높이 설법의 달인이었던 붓다가 이 모바일 글쓰기 열풍을 그냥 지나칠 리 없었을 것이다.

문자 메시지와 같이 즉각적이고 단순한 몇 마디 말 나누기, 이모티콘으로 나를 표현하기. **글쓰기명상은 순간적인 자기 마음을 포착하여 단어나 문장으로 추출하는 놀이에서 시작한다.** 그런 점에서 보면, 오늘을 살아가는 우리나라 사람들은 글쓰기명상을 수행할 준비가 충분히 됐다.

뭣하러 명상 모임에
오는 겁니까?

글쓰기에는 세 가지 유형이 있다. 첫 번째는 '지사적志士的 글쓰기'
다. 세상의 생각을 바꿔보려는 의도가 깃든 글쓰기다. 이를테면
'공산주의 이론'이나 '진화생물학' 같은 새로운 철학, 새로운 관점
을 제시하는 글쓰기다. 두 번째는 '묘사적 글쓰기'다. 이것은 글쓴
이의 생각이나 개념의 개입을 최소화하고 마치 글로써 그림을 그
리듯이 써나가는 것이다. 판단은 독자의 몫이다. 대체로 소설이 이
런 유형의 글쓰기를 지향한다. 소위 스토리텔링 글쓰기다. 세 번째
는 반성적 글쓰기다. 이것은 글로써 자기 내면을 있는 그대로 드러
내는 작업이다.

글쓰기명상은 세 번째인 '반성적 글쓰기'에 해당한다. 자기의 내
적 영토에서 일어나는 모든 사건을 가감 없이 문자로 드러내는 작

업이다. 사람들은 자신에게조차도 자기 내면의 소리를 찍어 누르거나 회피하거나 합리화한다. 심리학에서는 이것을 '자기방어'라고 표현한다. 《뼛속까지 내려가서 써라》의 저자 나탈리 골드버그Natalie Goldberg는 이런 자기방어를 뚫고 "뼛속까지 내려가서 써라Writing Down the Bones"라고 제안한다. 1978년부터 골드버그는 다이닌 카타기리片桐 大忍 선사에게서 명상 지도를 받았는데, 스승은 그에게 말하곤 했다. "나탈리, 명상은 글을 쓰는 것과 똑같아요. 뭣하러 명상 모임에 오는 겁니까? 당신은 왜 글쓰기를 자신을 단련시키는 방법으로 만들지 않죠? 당신이 글쓰기에 깊이 몰입할 수 있다면, 글쓰기가 당신을 인생에 필요한 모든 곳으로 데려다줄 것입니다."

반성적 글쓰기의 다른 말이 곧 '글쓰기명상과 자기상담'이다. 자기 내면에서 웅얼거리는 외마디, 생각, 감정, 기억을 있는 그대로 드러내는 것이 핵심이다. 그런데 '드러내서 어쩌겠다는 것이냐' 하며 그런 일이 의미 없다고 여기거나 쓸모없는 일이라고 치부하는 사람도 많다. "구정물통 같은 내면을 드러내면, 그 쓰레기 더미와 악취는 어떡할 거야?" "내면이고 뭐고, 그런 게 어디 있기나 한 거야? 있으면 어디 보여줘 봐." "밥 먹고 할 일 없는 사람들이나 하는 짓이지 뭐! 그런 게 돈을 줘, 밥을 줘?" 공감되는 반응이다. 한때 나도 그렇게 믿으며 살았다. 글쓰기가 밥을 먹여주는 것도 아니고 삶의 격을 높여주는 것도 아닐 것이라고 믿었다.

다음은 50년 동안 글쓰기치료 작업을 해온 셰퍼드 코미나

스Sheppard B.Kominars가 글쓰기를 거부하는 사람들의 변명을 약술한 내용이다. "내 상황을 더 걱정하게 하고 싶지 않다. 이것을 종이에 옮기면 걱정이 더 심해질 것이므로." "글쓰기는 너무 지루하다. 그 시간에 차라리 밖에 나가서 맑은 공기를 즐기는 것이 이득이다." "종이에 불평이나 늘어놓으며 남의 탓을 하고 싶지 않다." "글쓰기는 뜬구름 잡는 것처럼 몽롱한 짓이다." "글을 쓰는 것은 나에게 죄의식을 계속 불러일으킬 것이다." 이런 내용을 보면 한국이나 외국이나 글쓰기에 대한 태도는 별반 다르지 않다.

글쓰기명상은 이와 같은 문제를 수용해서 부드럽게 풀어주는 방안으로 다섯 가지 내부 규정을 둔다.

첫째, 자신이 쓴 글을 타인에게 낭독하거나 보여주지 않는다.

둘째, 두뇌를 통해서 만들어진 글이 아니라 손가락 끝에서 두서없이 튀어나온 글을 최고로 여긴다.

셋째, 띄어쓰기나 맞춤법, 비속어, 욕설 따위 등에 구애받지 않고 자유롭게 구사한다.

넷째, 일단 쓰고 난 글은 즉각 찢어버리거나 소각하여 완전히 폐기한다.

다섯째, 자신은 천하 최악의 글쓰기를 할 권리를 타고났음을 기억한다.

글쓰기명상의 기본 원리

수행 초보자를 좌절시키는 한마디가 있다. "명상은 생각을 끊는 것이여! 생각이 안 끊기면 명상이 아닌 것이여!" 이 말을 들은 사람들의 실망에 찬 한숨과 발길 돌리는 소리가 들리는 듯하다. 눈을 감고 앉아서 허리를 곧추세우면 생각이 끊기긴커녕 없던 생각도 뭉게구름처럼 일어나는 것이 초보 수행자들 아니겠는가.

물론 잘못된 말은 아니다. 하지만 나는 그에게 묻고 싶은 말이 있다. "그러는 당신은 지금 생각이 끊겨 있나요?" 불교에는 열반에 이르는 과정 가운데, '상수멸정想受滅定'이라는 최고의 수행 단계가 있다. 말 그대로 생각과 느낌이 끊긴 상태다. 수행자라면 모름지기 생각과 느낌이 흔적 없이 사라진 자리를 목표로 삼아야 한다. 하지만 당신은 혼자 눈감고 척추를 세워본 경험이 없다시피 한 수행 초보자다. 말하자면, '죽도록 생각을 굴리면서 살아야 이 험난

한 세상에서 겨우겨우 고개 좀 들이밀 수 있지 않을까' 하여 틈만 나면 검은 동공과 생각을 굴리면서 살고 있다.

한마디로 생각 중독자! 지금을 사는 우리 대부분은 알코올 중독이나 흡연 중독보다 더 지독한 생각 중독자가 아니라고 할 수 있을까? '생각을 끊어라'는 말을 듣는 즉시 사람들의 생각은 스프린터처럼 질주한다. '아니! 생각이란 게 끊기기도 한단 말이야?' 그것은 마치 알코올 의존증 환자가 '술을 끊어라'는 말을 듣는 즉시 푸르게 빛나는 소주 한 병을 떠올리는 이치와 다를 바 없다. 수행 초보자들은 생각한다.

'아, 역시 나는 수행할 팔자가 아니야. 나처럼 번뇌가 많은 사람이 수행은 무슨!'
'명상하는 사람은 선천적으로 타고난 사람들이야. 봐! 생각을 끊으라잖아. 그까짓 생각도 못 끊는 내가 무슨 명상은 명상이냐고!'

글쓰기명상은 그래서 생겨났다. 생각을 끊기 위해서라도 자신이 무슨 생각을 하고 있는지 그 내용을 보고 알아차려야 하기 때문이다. 이것은 사냥꾼이 꿩을 잡으려고 날아가는 꿩을 보는 행위와 같다. 글쓰기명상은 '글로써 마음을 표현하여 내면에 갇혀 있던 마음을 드러내는 일'이다.

붓다 또한 모든 내담자의 생각을 스스로 드러내어 알게 하였다. 그는 당신에게 상담하러 온 대중의 내면을 유감없이 드러낼 만한 환경 조성에 역점을 두었다. 치유가 필요한 내담자의 말을 경청한

다음, 그의 말을 그대로 들려주었다. 대중은 붓다의 입을 통해 조금 전에 자신이 일으켰던 생각을 객관적으로 알게 되었고, 자기 말에 대해서도 한결 공정하고 냉정한 관찰자가 될 수 있었다.

붓다 상담의 원리는 경청이고 수용이면서 '있는 그대로 드러내기'다. 말하는 자는 자신의 말이 타인의 입을 통해 자신에게 돌아오는 것을 경험한다. 글쓰기명상 또한 자기 생각을 마음으로만 보는 게 아니라 문자라는 수단을 통해 선명히 드러내는 행위다. 이로써 글쓴이는 한 걸음 물러서서 자기 생각을 다시 한번 경험한다.

현대 심리학은 이런 마음의 메커니즘에 '수용'과 '공감'이라는 명칭을 붙였다. 내 생각이나 기억, 감정을 있는 그대로 수용하고 공감하는 일이야말로 더 이상 불필요한 생각 굴리기를 그치게 한다. 스티븐 헤이스Steven C.Hayes는 자기 생각을 수용하는 심리 시스템을 응용하여 '수용전념치료'라는 개념을 만들어냈다. 그는 "우리가 고통을 제거하려고 애쓸 때 그 고통에 더 깊게 휘말린다. 고통을 제거하려는 방법은 오히려 그것을 생산하는 것이다"라고 말했다.

글쓰기명상은 혹시 당신에게 있을지 모를 고통을 수용하고, 그것을 글로써 오롯이 드러내는 것이다. 여기 이렇게 드러나 있는 고통이나 혼란 속의 내가 진정한 나인가, 아니면 바람이나 구름 같은 일시적 고통일 뿐인가? 써놓고 보라. 오늘 보기 싫으면 내일 봐도 된다. 쓸 때의 상황이나 감정, 생각이 그대로인지, 아니면 어딘지 낯설고 이질감이 있는지 가만히 들여다보라.

1 ● 글쓰기명상에 대한 사유

글쓰기명상의 태도

태도란 '사람이나 상황에 대해 취하는 마음가짐'을 일컫는다. 여기서는 글쓰기명상에 대해 당신이 취해야 할 몇 가지 마음가짐을 풀어볼 것이다.

글쓰기명상에 대한 마음가짐은 아홉 가지로 정리할 수 있다.

첫째, **쓰고 있는 자신을 신뢰하라.** 자신이 어떻게 쓰든 완벽한 글임을 잊지 않는다. 지구상 70억 인구 중에서 경쟁자는 단 한 명도 없다. 당신이 쓴 글을 누군가 읽을 일도 읽힐 일도 없기 때문이다. 사정이 이러한데 내 글이 지구상 최고의 문장이자 최후의 문장이라고 자부한들 누가 시비하겠는가.

둘째, **어떠한 글을 써도 좋다고 생각하라.** 허접하거나 조악해도 괜찮다. 그림이나 상형문자도 아니고 아무렇게나 쓰레기처럼 쓴 글도 상관없다. 내 친구는 '글 쓰레기 산을 만들어도 좋다'는 정신으로 글만 써대다 보니, 어느 날 작가가 됐다고 한다. 어떻게 해서 이런 일이 생길 수 있었을까? 살고 있는 집 안의 쓰레기를 자주 버려 보면 알 수 있다. 글쓰기는 어쩌면 내면의 쓰레기를 꺼내서 버리는 과정일 수 있다. 과거의 상처, 미래의 근심, 어제의 분노, 배신의 기억, 실패의 아픔 따위를 언제까지 묵혀두고 있을 것인가? 버리고 버리다 보면 언젠가 내면의 보물이 나올 수도 있다. 내 친구처럼 쓰레기가 문학이 되고, 삶이 되는 시간이 올 수도 있다.

셋째, **되도록 손을 계속 움직여라.** 마음이 먼저인가, 몸이 먼저인가? 이런 질문은 부질없다. 먼저인 것이 먼저다. 어차피 몸과 마음은 나뉘지 않는다. 몸이 움직일 때는 몸이 마음을 이끌고, 마음이 움직이면 마음이 몸을 이끈다. 글쓰기 또한 마찬가지다. 손이라는 몸이 움직이면 마음이 뒤따라 움직인다. 계속 움직이면 마음도 계속 움직이며, 기억이나 생각, 감정 따위를 열렬히 수급한다. 염려 따위는 하지 말라. 노트에 글씨를 쓰든, 자판을 두들기든, 일단 써 보라. 그러면 생각이나 기억이 숨차게 따라올 것이다.

넷째, **초등학교 1학년 때 일기장을 검사하던 선생님의 잔영을 깨끗이 지워라.** 그리고 맞춤법, 띄어쓰기, 비속어, 욕설 따위에 구애받지 않고 마음껏 남발하라. "에이 씨, 쌤, 그때 왜 그랬어?"라고 써 갈기라. 글쓰기명상은 이런 태도가 몸에 익을 무렵 이륙의 날개를 편다. 나의 속물성과 비합리성, 분노, 폭력성, 욕설, 탐욕 따위가 여름날 마당 가득 널린 태양초처럼 붉은빛으로 선연하도록 노트 위에 마음껏 내갈기라.

다섯째, **논리적 사고는 쓰레기통에 처박고 시작하라.** 당신은 문자라는 문명의 유물을 붙들고 근사한 '기승전결' 놀음을 하다가 정작 챙겨야 할 치유의 밥상은 걷어찼는지도 모른다. 내 안의 원초적 자유분방함, 순결성, 악마성, 천진한 바보는 다 어디로 사라졌을까? 집에서도 논리, 회사에서도 논리, 심지어는 술집에서도 논리적으로 말해야 하는 당신의 뼈와 살. 그런데 돌이켜보면, 내 삶의 궤적이야말로 비논리 천지다. 논리적이고 계산대로 살아진 적이 얼마나 있던가. 인간관계가 언제든 논리적으로 엮이던가. 멀리 갈 것도 없이 사랑과 이별도 그렇다. 우연과 비논리의 생명체가 논리의 세계 속에서 허우적대는 상황이 당신의 현실은 아닐까? 이 간극이 더 벌어지기 전에 천진한 비논리, 내 삶의 천방지축 내면을 마음껏 드러내보라.

여섯째, **두려움이나 발가벗고 있다는 느낌이 들어도 계속 써가라.** 아니다. 거리에서 발가벗고 선 듯한 느낌이나 두려운 마음이 들지 않으면 당신은 글쓰기명상의 궤도에 들어선 게 아니다. 당신은 여전히 타인의 눈과 입술 앞에 오도카니 앉아 뒤통수로 그를 의식하면서 끄적거리는 형국이다. 이때 당신이 할 일은 아직도 남의 눈치를 보는 스스로를 향해 도끼눈을 뜨고 한껏 노려보는 것이다. 그리고 외치라. "내 안의 꼰대는 사라질지어다!"

일곱째, **당신 앞에 무엇이 있든 무슨 생각이 나든, 바로 거기서부터 써보라.** 시인 안도현은 "내 앞에 있는 것부터 시작하라"고 조언한다. 내 안의 하찮아 보이는 한 생각, 내 눈앞에 놓인 찢어진 수첩 한 장, 손톱깎이 따위를 가만히 들여다보면서 써가는 것. 글쓰기명상은 그런 하찮거나 작거나 비루한 것을 손가락 끝으로 툭툭 건드려보고 뒤집어보고 구부려보면서 써가는 것이다.

여덟째, **비약이나 엉뚱한 비유 따위를 마음껏 구사하라.** 내 안의 생각이나 기억, 감정, 어떤 이야기는 이미 만화이자 영화 같은 상태다. 박제 내지 화석화돼 있는 내 안의 마음이다. 이것들이 당신의 진술을 통해 생동하는 글이 되는 것이 중요할까? 아니다. 당신이 그것을 글로써 드러내는 바로 그 순간이 목적이자 결과다. 그러므로 글을 쓰는 순간의 당신을 마음껏 비유하고 비약하고 반전시키는 권력을 누리는 게 우선이다.

아홉째, **미련 없이 버리거나 소각하는 원칙을 지켜라.** 이 조항은 소위 제1조 제1항이다. 이왕이면 강물 위에 글을 쓴 듯, 마음도 흐르는 강물에 흘려버리고 씻어내기 바란다. 그동안 보석 같은 생각들을 흘려보내 왔듯이 글쓰기명상 또한 마찬가지다. 쓰고 난 글은 버리고 비운 뒤 초연함을 유지하라. 당신이 버린 글보다 아직 쓰지 않은 글이 땅에서 하늘까지 무궁무진하다. 가슴을 더욱 활짝 열고 하나하나 강물에 계속 흘려보내라.

삶의 불심검문,
글쓰기 워밍업

2

○

●

지금부터 다룰 내용은 본격 글쓰기명상을 위한 워밍업이다. 워밍업은 자신에게 간단한 질문을 던짐으로써 마음의 시선이 자신을 향하게 할 의도로 구성했다. 목욕탕에서 손으로 탕 속의 물을 건들면서 내 몸을 밀어 넣어도 괜찮은 온도인지 가늠하듯, 김이 모락거리는 밥을 후후 불면서 밥 맞이를 하듯, 글쓰기명상에 앞서 가벼운 준비운동을 하자는 의미다.

마음의 방향을 '내 몸과 마음'이라는 대상에게로 돌리는 일이 왜 필요할까? 질문을 바꿔보면 분명해진다. 내 마음의 방향을 나 자신에게로 돌리지 않는다면, 내 마음은 어디에서 떠돌고 있을까? 어쩌면 오전에 통화한 친구한테 가 있거나 집에 두고 온 고양이에게 가 있을지도 모른다. 차를 운전하면서도 엉뚱한 길로 가기 일쑤인 나조차도 마찬가지다. 내가 지금 무엇을 하고 있는지 알지 못하면서 행동하는 경우가 비일비재하다. 몸과 마음에 깊이 배인 '떠도는 마음 습관' 때문이다.

워밍업은 짤막한 자기 질문과 답변으로 이루어진다. 질문은 짧지만 답을 내는 데는 시간이 걸리거나 살짝 머리가 복잡할 수도 있다. 나는 가정폭력피해쉼터 여성 집단에서 이런 워밍업 작업을 하곤 했는데, 갑자기 불심검문을 당한 사람처럼 순간 난감해하며 굳어버린 그들의 표정이 기억난다. 직접 실행해보면 알겠지만, 워밍업에는 인생의 불심검문 같은 질문이 많다. 열심히 달려가는 것이 최상의 삶이라고 여기는 우리에게 문득 "당신은 뭣 때문에 열심히 달리는 거요?"라고 난감한 질문을 던지는 것이기 때문이다.

이런 불심검문성 몸풀기 작업을 여기서는 크게 세 가지로 나눴다. 첫 번째 워밍업은 삶의 전체를 조망하는 질문으로 구성했다. 비행기를 타고 지상 1,000미터 상공에서 마을을 내려다보는 듯한 질문이다. 두 번째 워밍업은 질문의 대상을 '나라는 존재'로 제한했다. 내 '몸'과 '마음' 그리고 그 두 가지 요소 사이에서 내 삶의 존재성을 확인해주는 '느낌'이 그것이다. 세 번째 워밍업은 당신의 내면으로 초점을 맞춰, 우리 삶의 실질적 문제를 겨냥했다. 이 부분은 다시 '돈, 사랑, 인연' '건강, 일, 가족' '말, 신념, 죽음' 워밍업으로 세분하여 실었다. 일종의 생활 밀착형 질문이다. 답하는 초보 수행자의 마음을 심란하게 긁어댈 수도 있다.

삶의 동기,
수행하는 마음

당신은 다음 질문에 답해야 한다. 그전에 백지와 펜을 준비하라. 찢어 없애기 좋은 종이 한 장이어도 좋고, 스마트폰에 있는 노트 앱을 열어서 손가락 끝으로 터치 글쓰기를 해도 좋다. 답을 하되, 짧게 생각하고 짧게 답하라. 두뇌보다는 가슴에서 나오는 대로, 화투 패 던지듯 하라. 글쓰기명상은 낙장불입 같은 화투판이 아니다. 손바닥에서 끝없이 화투장을 내던지는 마술 게임에 가깝다. 이번에 잘못 던졌으면 다음에 잘 던지면 된다. 이 정도로 가벼운 마음을 준비하라. 첫 번째 워밍업은 '삶의 동기 드러내기'와 '수행하는 마음 드러내기'로 구성된다.

삶의 동기 드러내기

1. 이번 생애에 내게 주어졌다고 생각되는 목표는?
2. 이번 생애에 내가 설정한 최종 목표는?
3. 지금을 사는 이유, 앞으로 한 달을 사는 이유, 한 해를 사는 이유는?
4. 지금의 삶과 최종 목표의 차이는?
5. 이번 생애에 최종 목표를 이루었을 때, 내가 나에게 해주고 싶은 말이나 행동은?

수행하는 마음 드러내기

6. 내가 알고 있는 수행법은?
7. 내가 주로 행하는 수행법은?
8. 이 수행을 통해서 현재 해결하고 싶거나 얻고 싶은 것은?
9. 하루 중 내가 수행하는 시간과 집중도는?
10. 내 수행의 최종 목표는?
11. 수행의 과정과 결과 중 내가 중요시하는 것은?
12. 내가 수행의 목표를 이루었을 때, 나에게 해주고 싶은 말이나 선물은?

답이 나오지 않아 건너뛴 문항도 있을 것이다. 괜찮다. 건너뛰고 허둥대고 난감해하는 자신을 허용하자. 아직 드러낼 준비가 안 된 것은 그대로 내버려두자. 하지만 되도록 답하는 연습을 해보라고 권하고 싶다. 어차피 내가 쓴 답은 자주 변하게 마련이다. 늘 그런 건 아니지만 거듭 응답해보면 알게 된다. 내 마음을 빨간색 펜으로 적어놓고도 하루만 지나면 똑같은 질문에 다른 답하는 존재가 당신이다. 그런 식으로 학교 시험도 봤고, 사랑도 했고, 업무도 봤고, 여행도 다녔다. 죄다 무사했다. 무사했으니까 이 글도 만났고, 심지어는 돈도 벌고 상도 받았다. 우리끼리니 하는 말이지만, 알고 보면 삶이라는 게 표리부동, 다중인격, 인지부조화, 양심불량, 정서불안, 욕구불만 따위가 임계치 밑에서 절묘하게 뒤섞이면서 생산하는 나만의 최신작이나 다름없다.

글쓰기명상을 기획한 이유 중 하나는 이와 같은 자신의 변화, 망각, 생각 없음, 우유부단, 멍청함 따위를 문자화하여 드러내고 스스로 확인해보자는 제안이다. 당신의 삶이 무르익고, 사회적 지위가 올라갈수록 어쩌면 당신은 이런 작업이 더더욱 절실할 것이다. 당신 또한 당신이 생각하는 자식이나 부하 직원이나 제자나 후배처럼 '생각 없고, 계속 변하고, 망각하고, 욕망하고, 멍청한' 존재임을 자인하게 될 것이므로. 겸손은 바로 자신 또한 이런 사람임을 거듭 확인할 때 남몰래 숙성하는 탁주 내음 같은 것이 아닐까 싶다.

길든 짧든 글쓰기를 잘하는 팁 중 하나는 결론을 앞쪽에 배치하는 것이다. 글깨나 써본 분들이 열렬히 추천하는 글쓰기 방법이다. 소위 '기결승전' 글쓰기다. 결론부터 우선 던져놓고, 왜 저런 결론이 나와야 하는지 그 배경을 서술하는 순서가 멋진 글을 만들어주곤 한다. 자신이 하고 싶은 말의 결론을 맨 앞, 첫 마디에 압축해서 내놓는 것이다. 그렇게 일단 던져놓고 나면 그것을 수습하는 뒷글이 어미 닭을 따라다니는 병아리처럼 따라 나온다. 누군가 당신의 질문에 대해 이런 순서로 대답한다고 생각해보라. "나는 이 문제를 이렇게 생각합니다. 왜냐하면…." 자신의 사유에 대한 책임의식이 느껴지지 않는가.

왜 느닷없이 '좋은 글쓰기 방법' 이야기를 꺼냈을까? 첫 번째 워밍업은 대체로 삶의 종착점을 겨냥한다. 글쓰기명상의 맨 첫 장부터 생의 결론을 드러내보자는 의미다. '이번 생애, 나의 최종 결론'부터 먼저 드러내고 보면, 그 종착점을 옹위하는 사유들이 일어나게 마련이다.

내가 아침에 일어나서 일터로 가는 이유, 온갖 복잡한 인간관계 속에서도 죽어라고 웃으며 살아가는 이유, 넘치는 일 더미 속에서 집중하여 일하는 이유, 열심히 일한 죄밖에 없는데 질시를 받거나 오히려 야단맞으면서도 또 일하는 이유 등등. 이런 이유의 정점에 저 결론이 자리한다.

'나는 무엇이 되고 싶어서 태어났을까?

첫 번째 워밍업은, 기결승전 글쓰기 순서로 대입해본다면 '결結'에 해당한다. 내 삶의 끝을 겨눠보면서 글쓰기명상을 시작해보자는 것이다. 내 생애의 끝을 선명히 보고 가는 사람과 그렇지 않은 사람은 어떤 차이가 있을까? 이 또한 백지를 꺼내 생각나는 대로 끄적여보자.

몸, 느낌, 마음

두 번째 워밍업은 꽤 구체적이고 대상 범위도 좁아진다. 소위 '나라는 존재'를 점검하는 질문이기 때문이다. '나라는 존재'를 세 등분하면 몸, 느낌, 마음이다. 이것들을 살펴서 짧은 단어로 드러내는 일이다. 이 작업은 2분만이라도 눈을 감고 몸 전체를 이완한 후, 한층 평온하고 고요한 상태에서 진행하면 좋다. 이 질문에 대한 답변은 내면의 고요 지수와 관계가 깊다. 고요하면 고요할수록 몸의 감각이나 마음의 움직임은 선명해질 것이다. 하지만 당신은 의외로 어려움에 빠질 수도 있고, 없던 짜증이 일어날 수도 있다. 그만큼 당신에게 낯선 질문이기 때문이다.

몸

1. 내 몸 안팎의 명칭들을 아는 대로 세세히 적어보기
2. 살면서 내 몸은 주로 어디에 써왔는지 5가지 이상 적어보기
3. 아무도 모르는 내 몸의 특이한 부분이나 흉터 적어보기
4. 내 몸의 미안한 부위, 사건, 기억, 생각을 5가지 이상 적어보기
5. 내 몸의 고마운 부위, 사건, 기억, 생각을 5가지 이상 적어보기
6. 내 몸에게 해주고 싶은 말 적어보기

느낌

7. 지금 이 순간에 느끼는 감각 명칭 적어보기
8. 지금 이 순간에 일어나는 감정 명칭 적어보기
9. 내가 좋아하는 감각 적어보기
10. 내가 싫어하는 감각 적어보기
11. 내가 좋아하거나 호감이 가는 사람의 공통적인 느낌 적어보기
12. 내가 좋아하는 음식의 특징 적어보기
13. 내가 싫어하는 음식의 특징 적어보기
14. 내가 좋아하지도 싫어하지도 않는 감각이나 감정 적어보기

마음

15. 살면서 내 마음은 주로 어디에 써왔는지 5가지 이상 적어
    보기
16. 살아오는 동안 강력하게 애착했던 대상 3가지 이상 적어보기
17. 요즘 내 마음이 주로 가는 장소, 사람, 물건, 시간 등 적어보기
18. 향후 내 마음은 주로 어디에 사용하고 싶은지 적어보기
19. 내 마음에게 해주고 싶은 말 적어보기

《몸은 기억한다》의 저자 베셀 반 데어 콜크Bessel Van Der Kolk는 회복을 "자기 내면에 존재하는 감각과 감정에 대한 지배권을 다시 쥐는 것, 자신의 내면에서 일어나는 일을 느끼고 정확히 밝히고 확인하는 것"이라고 정의한다. 두 번째 워밍업은 그 회복을 위해 '나에 대한 눈 맞춤'을 하는 일이다. 당신은 한 걸음 더 안쪽으로 나아감으로써 한층 깊은 발견과 아픔, 회복의 단계를 걷게 될 것이다.

돈, 사랑, 인연

세 번째 워밍업은 내 몸과 마음의 안쪽을 저인망으로 훑어 올리는 글쓰기다. 나는 세 번째 워밍업 주제들을 만들기 위해 긴밀한 인연 18명을 추려 문자 메시지를 보냈다.

> "살면서 중요하다고 생각하는 삶의 주제 다섯 가지만 순위별로 적어서 답신해주면 고맙겠어. 1순위 사랑, 2순위 돈, 3순위 명예… 이런 방식으로 말이야. 물론 순서나 주제는 그대 마음대로 하시게."

24시간 안에 그들로부터 답신이 당도했다. 그중 한 친구는 "이 질문 덕분에 내가 뭘 중요하게 여기는지 돌아보는 기회가 됐다네"라는 답신을 보내왔다. 18명 중 총 16명에게서 답변이 왔는데, 나머지 2명은 "저는 잘 모르겠어요" "더 생각해볼게"라는 답신이었다.

나로서는 그런 내용마저도 귀중한 내적 반응이었다. 고민 끝에 '모르겠다'고 토로하는 그의 표정을 떠올려보기도 했다.

그들의 답신을 토대로 가장 많은 표를 받은 주제부터 순서대로 정리했다. 세 번째 워밍업은 이런 과정을 거쳐 순위가 정해졌다. 내 인연들이 성의껏 보내온 내용에 따르면, 삶의 1순위는 '돈'이었고, 2위는 '사랑', 3위는 '인연'이었다. '죽음'이나 '신념'은 18명 중 아무도 언급하지 않았다. 하지만 빼놓을 수 없는 주제였다. 직권으로 '죽음' '신념'이라는 주제를 추가했다. 그리하여 글쓰기명상 창안자의 직권으로 상정한 2가지를 포함하여 총 9개의 주제가 세 번째 워밍업의 범주가 됐다. 그 주제를 중심으로 부속 질문들을 구성했다.

16명의 생각을 일반화하는 건 위험하다. 같은 논리로 1순위 '돈', 2순위 '사랑', 3순위 '인연'이라는 것을 보편적 순서로 간주한다면 이 또한 문제가 있다. 나의 지인들이 '돈'을 향해 엄지손가락을 쳐올렸을 때, 나는 솔직히 당혹스러웠다. 혐오와 배반감 따위의 감정이 내 안에서 얼비치기도 했다. 이것이 혹시 돈에 대한 내 무의식적 관념은 아닐까? 아무튼 내 삶의 중요도는 친구들이 보내온 순서와는 다르다. 당신 또한 내 견해와 다를지 모르겠지만, 순서는 그저 순서일 뿐이다.

이러한 주제와 세부 질문을 따라 하나둘 응답하다 보면 무심결에 내면이 드러난다. 당신의 깊숙한 무의식이 홀연히 등장하기도 한다. '얼씨구, 이게 뭐지? 이게 내 마음?' 라이터로 불을 켜다가 눈썹이라도 태운 것처럼 화들짝 놀라는 일이 벌어지기도 하고, 걷다가 연인의 손을 잡는다는 게 엉뚱한 사람의 손을 잡은 것처럼 '에구머니나' 하는 일이 심심찮게 발생한다. 하지만 당신의 어떠한 응답이든 흐르는 강물을 따라 사라지는 물거품 같은 한 생각일 뿐. 그러니 손 풀고 가벼이 써보자.

돈

1. 내가 풍족하다고 느끼는 돈 액수는?
2. 나에게 돈이 넘치게 풍족하다면, 구체적인 예상 사용처는?
3. 나에게 돈이 가장 풍족했던 시절의 주요 정서나 생각은?
4. 나에게 돈이 가장 궁핍했던 시절의 주요 정서나 생각은?
5. 내 인생에서 돈이 차지하는 비중은?
6. 내 인생에서 돈을 규정하는 한마디는?
7. 지금 내가 돈하고 대화한다면 할 말은?
8. 돈이 아무리 많아도 해결할 수 없는 일은?

사랑

9. 나에게 사랑이 시작되는 순간의 상황은?

10. 사랑 없는 섹스나 섹스 없는 사랑에 대한 생각은?

11. 나의 성욕을 촉발하는 감각, 감정, 생각, 기억, 분위기, 이미지는?

12. 스킨십할 때, 내가 강하게 애착하는 감각, 감정, 생각, 기억은?

13. 지금의 내 삶에서 사랑이나 섹스가 차지하는 비중은?

14. 사랑이라는 추상적 현상에게 하고 싶은 말은?

15. 내 인생에서 사랑을 규정하는 한마디는?

인연

16. 내가 호감을 느끼는 사람의 말, 몸짓, 표정, 목소리, 체취, 옷차림은?

17. 내가 거부감을 느끼는 사람의 말, 몸짓, 표정, 목소리, 체취, 옷차림은?

18. 상대와 친근해졌을 때 주로 내가 자주 하는 말이나 태도는?

19. 늘 한 공간을 사용하는 사람과 불편해졌을 때 내가 취했던 태도나 속마음은?

20. 나의 험담을 하고 다니는 사람을 만났을 때 내가 주로 취했던 태도나 속마음은?
21. 감정적으로 해결하지 못한 사람에게 지금 내 감정을 표현하는 말은?

당신은 위 세 가지 주제를 만나 소위 '글춤'을 췄다. 그렇다. 그냥 막춤 추듯 적으면 된다. 생각이 나지 않으면 그냥 '생각은 안 나고 짜증만 난다'라고 써도 좋다. 이런 가벼운 응답을 통해 얻을 수 있는 게 무얼까? 아마도 설명하기 어려운 모종의 에너지를 얻게 될 것이다. 뭔가 근사한 글발을 생산해야 한다는 무의식적 의무감을 벗어던지는 힘 같은 거 말이다. 나의 내면을 알몸 그대로 백지 위에 드러낼 수 있는 뻔뻔함 혹은 대범함을 획득한다. 누가 볼 것도 아닌 글이다. 당장에 찢거나 태워질, 참으로 박복한 운명을 지닌 어휘들이다. 속 편하게 무책임해도 좋다. 이완이란 반드시 근육만 느슨하게 푸는 일이 아니다. 이 퍽퍽한 세상에서 책임질 일 없이, 내 욕구대로, 그야말로 본능이 시키는 대로 해보는 것보다 더 실질적인 이완이 있겠는가.

텍사스대학교 심리학 교수를 지낸 제임스 페니베이커James W. Penne-baker는 1986년에 제자 50여 명을 실험군과 통제군으로 나눠서 하루 15분씩 나흘간 글쓰기 실험을 했다. 비밀보장을 전제로 한 이 실험은 두 집단이 추후에 질환 등으로 병원에 갈 확률을 도출하는 것이 목적이었다. 실험군에는 아직까지 누구에게도 발설하지 못한 마음의 상처를 글쓰기로 드러내도록 주문했다. 통제군에는 일기나 메모 같은 일상적이고 피상적인 글을 쓰도록 했다. 실험 후 일정 기간이 지나자, 페니베이커는 두 집단의 병원 출입을 추적 조사했다. 결과는 실험군이 통제군에 비해서 신경성 질환 등으로 병원에 갈 확률이 43퍼센트 낮은 것으로 나타났다. 일기나 편지글 등 일상적인 글쓰기에 비해 자기만의 비밀이나 상처를 드러낸 사람의 치유 효과가 그만큼 높았다는 것이다.

내 아내의 초등학교 동창 소모임에서는 최근 들어 은근히 규칙 하나가 만들어지고 있었다. 그날 모임에서 말수가 가장 많았던 사람이 밥값 일체를 '쏘는' 것! 아내에게서 그 말을 처음 듣는 순간 감이 왔다. 적지 않은 밥값을 기꺼이 지불하는 동창의 마음이 짐작됐기 때문이다. 세상 천지에 누가 자신의 생각과 감정을 이렇게 맛있게 소화해낼 것인가? 그날의 밥을 '쏘는' 동창은 죽마고우들의 성원에 힘입어, 가슴에 맺힌 온갖 감정이나 생각을 마음껏 풀어냈을 터였다. 그 규칙은 중국에서 돈깨나 만져본 사업가 친구가 "오늘은 나 혼자 떠들어댔으니 내가 쏜다!" 해서 시작됐다. 그날 이후부터 시부모와의 마찰, 자녀와의 갈등 등의 문제를 상대적으로 열렬히 떠들어댔다고 생각하는 사람이 스스로 밥을 사게 된 것이다. 이때 친구들의 역할은 무엇일까? 그저 고등학교 수학 시간처럼 넋놓고 있으면 밥값을 한 게 아니다. 한일전 축구 경기처럼 광적인 응원과 추임새로 친구 가슴에 맺힌 온갖 감정과 생각의 쓰레기들을 소각해주어야 한다.

'집단 치료'라는 게 따로 있는 것일까? 영화 〈아바타〉에서, 죽음에 이른 그레이스 박사를 회생시키기 위해 나비족들이 손에 손을 잡고 대지의 신에게 흐느끼며 기도하는 노래를 기억하는가. 그런 장면이 영화에만 있는 건 아니다. 식당에 가서 유심히 살펴보라. 중년을 넘어선 남녀가 시공을 초월하여 초등학생 같은 표정으로 집단 치료를 하는 모습을 볼 수 있다. 우리는 지금 그런 치료적 발설을 실행하는 프로그램으로 진입하고 있다. 드러내는 것이 곧 치료의 시작이다.

앞선 세 번째 워밍업에서 '돈, 사랑, 인연'의 소소한 측면을 툭툭 날아오는 가벼운 잽에 가격당하는 챔피언처럼 점검해보았다. 이 정도는 맞아볼 만하지 않은가. 이런 '워밍업'을 통해 나만의 사연이 저 깊은 곳에서 봄날의 뱀처럼 똬리를 풀고 반응해온다면, 글쓰기명상 워밍업은 그 나름대로 내용 있는 몸풀기 역할을 하는 셈이다.

실제로 우리는 이 같은 질문에 별로 노출돼본 적이 없다. 누구도 물어보지 않고 또 자문해보지도 않았기 때문이다. 그런데 내 삶의 중요도에서는 세 손가락 안에 들 수 있다니, 이상하지 않은가?

가벼운 잽을 계속 더 맞아보자. 혼곤한 잠에 빠진 나의 영혼이

푸른 동맥을 꿈틀거리며 각성의 머리를 곤두세울 때까지 내면의 언어를 풀어보는 것이다. 당신에게는 지금 '건강, 일, 가족'이라는 점검 순서가 기다리고 있다.

No. 4

건강, 일,
가족

소주 석 잔이면 숨이 가빠지는 사내가 있다. 회식 자리에서 소주
석 잔을 털어 넣은 그는 곧 저승사자의 발소리인지 심장 박동 소
리인지 모를 몸속 소음을 듣게 된다. 그쯤 되면, 주변에서 먼저 사
내의 술잔을 뒤집는다. 얼굴뿐만 아니라 손등 따위도 붉은 신호등
이기 때문이다. 그런데 사내는 별 흐트러짐이 없다. 또박또박 말
하고 제대로 듣고, 실없이 웃거나 실언을 하지도 않는다. 사내의
느낌으로는 지금 운전대를 잡아도 문제가 될 것 같지 않다. 입술
사이에 음주 측정기를 꽂아 불어도 별 이상이 없을 것 같기도 하
다. 허나 사내의 내면에서는 현실 경계의 모호함이 급속히 팽창 중
이다.

 놀랍게도 사내의 서재, 책상에는 항상 술병이 있다. 그것도 위스
키나 고량주 같은, 성냥불만 켜면 투명한 불꽃이 일어나는 독주다.

지금도 200밀리미터짜리 백자에 담긴 '귀주 마오타이'가 목에 붉은 리본을 달고 있다. 중국에 다녀온 후배가 6개월 전에 선물한 술이다. 아직도 절반 이상이 남아 있으니, 향후 한 달은 너끈할 양식이다. 사내는 그것을 가끔 홀짝거린다. 낯빛이 변하지 않을 정도의 미량이지만, 한순간 수천 개의 바늘이 목구멍을 찔러대며 식도를 불태우고, 위장을 향해 앰뷸런스가 치고 들어오는 것 같다. 그래도 홀짝대고, 그래서 홀짝댄다. 왜? 당신은 이 약골 사내의 외로운 음주가 어쩐지 공감되지 않는가. 공감되는 사람은 스스로를 잘 살피라. 혹시 나도 그런 류의 모호함을 즐기는 사람이 아닐까 싶다. 취한 것도, 취하지 않은 것도 아닌 상태 말이다.

우리는 지금 글쓰기명상의 세 번째 워밍업 중에서 '건강, 일, 가족'이라는 항목을 살피고 있다. 내 안에서 건강은 무엇이고, 일은 무엇이며, 가족은 또 무엇인가? 이 세 가지 주제는 어쩌면 저 사내의 책상에 놓인 '53도짜리 마오타이'를 닮았다. 찌릿찌릿한 알코올성 전율을 통해 몸 감각을 통째로 들깨웠다가 어느 순간 모호한 의식 속으로 빠뜨리는 대상이라는 점에서 그렇다.

　건강은 나의 존재성을 만들어주는 핵심 수단이자 동력이다. 일(직업)은 내 삶을 지탱해주는 수단이다. 가족은 강력한 연기緣起적 실체로서, 나의 실존을 옹위하는 수단이자 본질이다. '수단'이라는 어휘를 '독주'나 '마오타이'로 바꿔도 그리 이상할 것은 없다. '가족은 나의 실존을 옹위하는 독주다.'

그런데 비단 나만 그럴까? 건강이나 일, 가족을 사유해보면, 색색의 터널을 지날 때처럼 감정의 스펙트럼이 번다해진다. 이 주제들은 내 존재의 기반이지만, 석 잔 이상의 일, 석 잔 이상의 가족, 석 잔 이상의 건강은 이제 그만 내려놓고 싶기도 하다. 소주 석 잔에 온 존재가 그만 붉은 신호등이 되고 마는 사내의 내면 소음처럼, 지겹고 불길하고 슬프거나 아릿한 감성들이 쿵쾅댈 때가 있다. 마음을 한바탕 더 뒤집는 요소가 있다. 세상의 언어들이다. 지겹고 불길하고 슬프고 아릿한, 그것을 한마디로 정의하면, 사랑이란다. 너무 원초적인 정서여서 떼려야 뗄 수 없단다.

　우리는 대체로 이런 모호함 혹은 애매함 속에서 일생을 헤엄치는 물고기 같은 존재가 아닐까? 이것도 저것도 아닌 모호함의 바다. 굳이 알고 싶지도 않은 마음. 그래서 걸핏하면 눈 딱 감고 모른 척하고 마는 대상들. 모른 척 과음하고, 과식하고, 할 일 제치고, 주말 가족 모임에 불참하면서 업무 핑계를 대고! 그렇게 말이다.

　'건강, 일, 가족'은 당신에게 눈뜨고 잠든 물고기처럼 '말똥말똥 모호하게' 지나치고 싶은 대상이 아닌가? 절간의 나무 물고기처럼 누군가 두들겨주면 둔탁하고 퉁명스레 깨어났다가, 즉시 '모호함' 속으로 숨고 싶은 주제라고 할 수 있다. 하지만 가끔이라도 깨어 있어야 한다. 그렇지 않으면 '건강, 일, 가족'이 당신을 모호하게 쳐다보는 날이 올 수도 있다. '건강, 일, 가족'으로부터 소외된 당신을 한번 상상해보라.

건강

1. 가장 건강했던 시기는 언제고, 그 당시의 태도, 언어 습관, 인간관계는?
2. 건강하지 못했던 시기는 언제고, 그로 인해 얻은 것과 잃은 것은?
3. 좋건 나쁘건 현재 건강 상태의 주된 원인으로 보는 것은?
4. 향후 건강을 잃었을 때 취하고 싶은 태도나 원하는 조건은?
5. 건강을 유지하기에 가장 좋은 방법이라고 생각하는 것은?
6. 건강할 때 주로 취하는 태도나 말, 행동, 습관은?
7. 건강하지 못할 때 주로 취하는 태도나 말, 행동, 습관은?

일

8. 생의 마지막에 내가 평생 해온 일이라고 꼽을 만한 것은?
9. 일이라고 하면 떠오르는 생각이나 기억, 구체적인 이미지는?
10. 일하는 동안 그 일에 대한 나의 태도나 마음가짐은?
11. 일이 잘된다고 느낄 때 주로 나타나는 나의 심리적 상황이나 주변 상황은?
12. 일이 안된다고 느낄 때 주로 나타나는 나의 심리적 상황이나 주변 상황은?

13. 나의 일과 가장 연관이 깊은 사람들의 이름은?

14. 내 삶에서 일이 차지하는 비율은?

15. 일이 사람이라면 그 일에게 지금 하고 싶은 말은?

가족

16. '가족' 하면 문득 연상되는 영상이나 생각, 동물, 자연현상은?

17. 가족이 나와 깊이 연관돼 있다고 느끼는 순간은?

18. 가족이나 친지 중에서 먼저 떠오르는 이름은? (이름이 생각나지 않으면 인상착의나 관계 등을 적기)

19. 가족이 나에게 어떤 존재인지 규정하는 한마디는?

20. 가족 중 누구하고든 대화할 때 내가 가장 자주 하는 말은?

21. 가족과 나 사이에 발생한 극적인 사건은?

22. 나의 부모, 형제, 친구, 친지들의 다른 이름을 즉흥적으로 지어본다면? (동식물 등의 명칭 활용)

말, 신념, 죽음

불교 경전을 기록한 빠알리어에는 '사띠sati'라는 용어가 있다. '주시하다' '관찰하다' '기억하다'로 풀이되는 이 낱말은 현대 심리학의 메타인지meta-cognition라는 개념과 맥락이 닿는다. 정신통합의 창시자 로베르토 아사지올리Roberto Assagioli는 자기 자신을 인지할 수 있는 인간의 심리 기제를 '탈동일시disidentification'라는 개념으로 정리한다. 자기 몸과 마음을 '셀프 카메라처럼 스스로 보고 알 수 있는 상태나 능력'이라는 뜻이다. '마음챙김을 활용한 스트레스 감소 프로그램'인 MBSR Mindfulness Based Stress Redaction의 창안자 존 카밧진Jon kabat-Zinn은 탈동일시 기제를 활용하여 명상이 각종 심인성 질환 치료에 효과가 있음을 증명했다. 이처럼 불교학자, 심리학자, 의학자 다수가 초기 불교의 사띠 개념을 풀어서 유사한 의미의 다양한 표현을 양산해내고, 이를 토대로 저술, 강연, 치료 현장에서 활발히 적용하고 있다.

명상은 앞서 설명한 개념과 언어와 내용을 한마디로 평정하는 낱말이다. 명상이라는 용어는 서구의 구약성서와 인도의 베다, 우파니샤드, 힌두교, 불교에 이어 서양 심리학까지 수천 년 동안 인간의 마음에 관한 이야기를 한 단어에 뭉뚱그리다 보니, 온갖 기술과 방법이 망라된 '피곤한 대지의 여신' 같은 용어가 되고 말았다. 그래서 명상 지도자를 애초에 잘 만나야 한다. 처음부터 향기로운 이미지에 들뜨게 하고 환상에 젖게 하는 지도자는 영민하게 살펴봐야 한다. 아무튼 '문화'라는 용어가 밤문화, 식사문화, 여행문화, 숲문화 등의 복합어를 만들어내듯, 명상 또한 유사한 성질로 새로운 어휘를 수용하고 생산한다. 잠명상, 설거지명상, 걷기명상, 대화명상, 식사명상 등.

명상을 간단히 풀어 말하면, '나에 대한 제삼자적 시점 유지'다. '글쓰기명상' 프로그램 안에서는 이 관점이 전부다. 제삼자적 관점에 학문의 재킷을 걸치면 어떻게 될까? 탈동일시, 거리두기, 마음챙김mindfulness, 탈중심화, 자기수용 따위의 학술어가 난립한다. 명상하는 방법은 눈을 감든 뜨든, 그것이 결정변수는 아니다. 자신의 색수상행식色受想行識, 즉 자기 '몸과 마음'을 객관적이고 냉정하게 알아차릴 수 있으면 족하다.

  불교 명상이나 기독교 명상은 사정이 조금 다르다. 종교 수행 명상은 계율과 수행법, 수행 대상의 계보가 다소 복잡할 수 있는데, 우리는 종교 수행을 하려는 것이 아니니 안심해도 된다. 우선은 자신의 내면을 바라보는 연습만으로도 호흡이 가빠질 것이다. 그렇다면 우선 '알아차림'이라는 용어를 만난 기념으로 다음 주제들에 대한 내면 드러내기를 해보자.

말

1. 최근 내면에 자주 떠오르는 말이나 표현은?
2. 들으면 기분이 좋아지는 말이나 표현은?
3. 들으면 번번이 언짢아지는 말이나 표현은?
4. 최근 내가 습관적으로 자주 하는 말이나 '아, 음, 어'와 같은 간투사는?
5. 최근 우연찮게 자주 듣는 말은?
6. 말 때문에 상처받았던 기억 5가지는?
7. 말 때문에 위로받거나 기쁨에 겨웠던 기억 5가지는?
8. 나에게 큰 잘못을 저지른 사람이라도 당장 용서해줄 것 같은 말이나 표현은?
9. 친구나 동료 사이에서 내가 말하는 모습을 표현해보기

신념

10. 사는 동안 나 스스로 반드시 지켜야 할 일 3가지는?

11. 배우자나 연인이 나에게 지켜줘야 할 일 3가지는?

12. 자녀가 나에게 지켜줘야 할 일 3가지는?

13. 형제가 나에게 지켜줘야 할 일 3가지는?

14. 친구가 나에게 지켜줘야 할 일 3가지는?

15. 직장이나 사회가 나에게 지켜줘야 할 일 3가지는?

16. 국가가 나를 위해 지켜줘야 할 일 3가지는?

죽음

17. 나의 죽음을 규정하는 한마디는?

18. 하루에 나의 죽음을 바라보거나 의식하는 횟수는?

19. 내가 죽어 있는 모습을 상상할 때 드는 느낌은?

20. 나의 죽음 직전 60분 동안 일어날 일은?

21. 죽음에 이르렀을 때, 배우자나 연인, 자녀, 형제에게 해주고 싶은 말은?

22. 지금 내가 죽을 수 없는 가장 큰 이유는?

23. 내가 죽음을 맞이할 때 가장 후회가 될 것 같은 일은?

24. 나의 죽음과 대면하여 하고 싶은 말은?

글쓰기명상의
실제

3

○

●

워밍업을 마쳤다. 본격적인 글쓰기명상에 들어가기 전, 몸풀기를 한 셈이다. 그런데 가끔 워밍업 단계에서 지쳐버리는 경우가 있다. 워밍업 강도에 지레 겁을 먹고 '글쓰기명상 실제'에 발을 들이길 망설이는 것이다. 이해가 된다. 우리가 해온 워밍업은 어느 것 하나 가벼운 주제가 없었다.

삶의 동기, 수행하는 마음, 몸, 느낌, 마음, 돈, 사랑, 인연, 건강, 일, 가족, 말, 신념, 죽음 등은 '나라는 존재'의 생존 최전선에서 불침번 같은 주제이자 정예 소총수 같은 질문이다. 나라고 하는 자아가 이처럼 다양한 각도에서 조명을 받아본 적도 없을 것이다. 그러니 카메라 앞에 선 아마추어 출연자처럼 당혹감이나 혼란을 느끼거나 정체불명의 피로감에 녹다운이 될 수도 있다.

당신은 어쩌면 '나는 이번 생에 어떤 목표를 가지고 태어났을까?'라고 자문해본 기억조차 없을 수 있다. '지금을 사는 이유, 한 달을 사는 이유, 올해를 사는 이유' 등을 꿈에서도 생각해본 적이 없을 것이다. '이런 제기랄, 천하의 아무개가 제 인생의 핵심 이슈를 일별해본 기억조차 없다니!' 벼락같은 낭패감이 엄습할 수도 있다. 그리하여 당 수치가 천방지축으로 널뛰기하는 당뇨 환자처럼, 모든 전망이 불안정하고 아득해질 수도 있다. '세상에나, 내가 살아야 할 이유도 모르면서 살고 있다니!'

하다못해 우리는 "아무도 모르는 내 몸의 특이한 점이나 흉터는?"과 같은 질문 앞에서도 허둥지둥하기 일쑤다. '아무도 모르는 내 몸의 흉터라니? 그럴 수 있나? 그래, 정말 내 짝꿍도 모르는 흉터가 있기는 하지. 근데 그게 지금도 있을까?' 챔피언이 툭 뻗은 잽에 맞아 혼절 지경이 된 스파링 파트너 같은 기분이 들기도 한다. 링에 오르기도 전에 지쳐 무너질 것 같다는 말은 괜한 푸념이 아니다. 사실 나 또한 글쓰기명상 워밍업에서 툭툭 날아오는 질문 펀치를 맞고 맥없이 나자빠진 적이 한두 번이 아니다. "살면서 내 마음은 주로 어디에 사용해왔는가?" 이런 질문 펀치를 한 방 맞기라도 하면, 오만상을 찌푸리며 스스로에게 되묻곤 한다. '아, 나는 마음을 주로 어디에 사용해왔지? 글쓰기에 쏟았나? 아니, 근심 걱정을 하는 데 쏟아부었나? 아니면 애들을 끔찍이 사랑하는 데 다 썼을까?'

글쓰기명상 워밍업을 하다가 실제 단계를 앞두고 중도하차

쪽으로 마음이 기운다면, 결정을 내리기 전에 이 사실을 상기해보길 바란다. 당신은 워밍업의 질문 항목을 읽어본 것만으로도 글쓰기명상 몸풀기를 대부분 수행했다. 답변은 중요한 게 아니다. 아니, 답변이라고 따로 정해진 것은 없다. 오늘의 정답이 내일이면 물거품처럼 흔적 없이 사라지기 쉬운 게 우리 삶의 실상이다. 저수지에 낚시를 드리우면 같은 물, 같은 지점에서도 다른 물고기가 올라오는 이치를 생각해보라. 그러니 더는 실망할 필요가 없다. 중요한 것은 워밍업을 하면서 그동안 잠들어 있거나 검붉게 녹슬어서 삐걱거리던 의식이 화들짝 깨어났다는 점이다. 아침에 일어나 맑고 신선한 공기를 맞이하고 밤새 탁해진 공기를 내뱉는 일처럼, '워밍업'은 의식의 환기 작업에 지나지 않는다. 송곳 같은 질문에 찔리고도 무감각, 무감동했다고 실망할 일은 아니다. 워밍업은 '글쓰기명상의 실제'로 나아가기 위한 '관절 풀기'였으니까. 워밍업을 읽어본 것만으로도 당신의 먼지 낀 의식은 케케묵은 담요의 먼지를 털듯 충분히 털어냈다.

'글쓰기명상의 실제' 편은 모두 34개의 단원으로 구성돼 있다. 이 단원들은 워밍업에서 다룬 단도직입적인 질문과는 다르게 질문형 내용이 거의 없다. 갑자기 옆구리를 푹 찌르는 질문보다는 슬그머니 권유하는 내용이 많다. 내용 풀이를 가만히 읽어보면, 제목의 속뜻이 드러난다. 맑은 개천을 유심히 들여다보면 이리저리 몰려다니는 피라미 떼를 발견하게 되듯이, 제목 아래 내용을 잘 살피면 저자의 의도를 이내 짐작할 수 있다.

"글쓰기로 당신 마음을 한번 들여다보지 않으시겠어요?"

인생 연대표 만들기

글쓰기명상의 기본이 '인생 연대표 만들기'다. 우리는 당분간 '나라는 존재'에게 화력을 집중하기로 하지 않았던가. 마치 클레이 사격장 사수대에 오른 사수처럼, **나라는 존재의 감각과 생각과 기억과 감정 따위를 겨냥하여 알아차림의 총알을 날리는 일**. 인생 연대표는 당신이 겨눈 총구에 양손을 들고 투항하는 기억의 포로들을 줄지어 세우는 작업이다.

인생 연대표는 자신이 살아온 이력을 연대기별로 거칠고 성기게 적어가는 일이다. 이는 전적으로 자신의 기억을 토대로 한다. 역사 교과서 맨 앞 장에 나오는 우리나라 연대기처럼 자신의 기억을 또박또박 재생하는 작업이다. 잘났건 못났건 당신의 인생도 책갈피의 꽃잎처럼 건조하여 장기 보관할 수 있다. 대한민국 역사 연대표는 후손들이 정리해나가지만, 인생 연대표는 당사자가 직

접 정리한다는 점에서 각별하고 은밀하면서 가슴 아프기도 할 것
이다.

- ✓ 지금 살고 있는 연도를 적고 떠오르는 개인사의 제목 쓰기
- ✓ 같은 방법으로 한 해 한 해 거슬러 올라가며 연도를 적고, 그해 있었던
  개인사 중 기억에 남은 사건의 제목만 차근차근 적어가기
- ✓ 역사 연대표를 상기하며 가급적 현재에서 과거로 적어가기
- ✓ 자신을 중심으로 일어난 사건의 성격, 그 사건과 연관된 사람의 이름
  과 인상착의, 당시 느꼈던 감정, 주변 환경 등을 떠오르는 대로 적기
- ✓ 그때 그 일에 대한 지금의 생각을 압축해서 쓰기

내면의 기억이 문자화되는 과정에서 자기 신뢰가 싹트는 일은 심
리적 보너스다. 그것이 설사 열 살 소년기의 어렴풋한 기억이거나
스무 살 청년기의 혈기 방장한 과거라 해도, 확신에 찬 실제 상황
으로 복원된다. 그 당시 그 일이 무엇이었건, '지금'의 내 의식에서
극적으로 회생하는 사건이기 때문이다.

　그렇다면 그 기억 속 사건과 지금의 '그 사건'은 동일할 수 있을
까? 기억은, 그것이 설사 1분 전의 사건이라도 '기억'이 된 순간부
터 '실제적 사실'에서 멀어진다. 선착장에서 아차 하는 순간 배를
놓쳐본 적이 있는 사람은 알 것이다. 배와 자신의 거리가 1미터 떨
어졌거나 1킬로미터 떨어졌거나 마찬가지다. 나는 그 기억의 배를
붙잡을 수 없다. 다만 '지금 이 순간' 배를 떠올리고 해석하는 '새

로운 생각'이 생성됐을 뿐이다. 하지만 무엇보다도 신나는 일이 있다. 내 기억을 두고 그 누구도 맞니 틀리니 하면서 시비하지 않는다. 이 얼마나 멋진 일인가. 자기 멋대로 기억을 결정해도 이러쿵저러쿵 시비할 사람이 하나도 없다니! 한마디로 기억의 향연이다.

19**(만 10세)

- 초등학교 4학년 3반 장현 선생님. 검은 테 안경, 둥글고 웃는 얼굴, 작달막한 키
- 가을인지 겨울인지에 신한제약(파리약 피디피로 유명함) 옆으로 이사함. 주변엔 새로 생긴 기와집과 밭이 많았음. 가을이나 겨울에는 까마귀가 새까맣게 앉았고, 봄에는 인분 내음이 요란했음
- 가창 분교인 중앙 초등학교에서 수업을 받음
- 선생님이 아침 등굣길에 교실에서 자신의 구레나룻으로 내 얼굴을 북북 문질러주었음
- 수업 중에 장난하다 걸려서 교탁 앞에 가 엎드리니까, 선생님이 때리려다 말고 구레나룻으로 얼굴을 박박 문지르고 들어가라 했음
- 겨울에 과외를 받던 아이들이 눈싸움을 하고 있었음
- 눈 내린 향산 방죽에 가서 놀았는데, 큰 방죽이 매립되는 중이어서 온갖 쓰레기가 쌓여 있었음
- 까마귀 사이에 어린애 시신이나 태반 따위도 있었는데, 그것을 몰랐던 우리는 어린애 시신을 막대기로 들춰보며 외계인이 왔다고 경찰에 신고하러 가기도 했음
- 경찰 아저씨도 외계인일지도 모른다는 철영의 말을 듣고 신고

하지 않기로 했음
- '큰아버지'가 돌아가셔서 난생처음으로 관에 누워 있는 시신을 봤는데, 코와 입, 귀가 흰 솜으로 막혀 있었음
- 큰아버지 상가에서 진수와 다퉜고, 만수 형이 진수보고 나를 때리라고 했음. 만수 형은 그때 중학교 1학년? (불명확함)
- 외삼촌이 와서 100원을 줬는데, 대영이한테 얻어맞고 빼앗김

모든 기억은 편집된 과거다. 기억은 의식의 색안경을 쓰고 제멋대로 재구성한 허구라는 뜻이다. 우리 집 여섯 형제가 하나의 사건을 두고 세 가지로 기억하는 사태를 본 적이 있다. 일곱 살 무렵, 우리 집 장독대에는 내 키 두 배는 돼 보이고, 옆집 배불뚝이 할아버지보다 세 배는 뚱뚱한 항아리가 하나 있었다. 어느 날 이 항아리가 깨지는 사건이 발생했다. 장독대 항아리 중 왕초 항아리가 퐉삭 깨졌으니, 거기서 터져 나온 맵고 짠 강된장 내음이 온 집 안에 진동하는 것은 불문가지. 수십 년이 지난 후 우연하게 이 사건이 형제들 간에 화제가 됐다. 형제들이 모여서 항아리가 깨진 것까지는 기억이 일치했는데, 문제는 그다음이었다.

"그때 성아가 장독대에 대고 새총 쐈지?"
"어? 내가 아니고, 어디선가 돌멩이가 날아든 건데?"
"돌멩이는 무슨 돌멩이. 작은누나가 나비 잡는다고 장독대까지 쫓아갔다가 사고 친 거지."

"어머머! 내가 무슨 힘이 있다고 그 큰 항아리를 깬다니!"
"그러니까 놀라운 일이지 뭐야! 그 일 때문에 우리 아들들만 괜히 혼났잖아."

없는 항아리라도 하나 더 깰 것 같은 기세로 소란해졌다. 동생은 동생대로 다른 기억을 길어 올렸고, 누나는 누나대로 팩트를 운운하면서 자신의 기억을 들이댔다. 덕분에 분위기는 대봉 홍시 물러 터진 것처럼 달짝지근한 난장판이 됐다. 그 틈에도 나는 '옳거니!' 하면서 '기억에 관한 왕건이' 한 건을 챙겼다. 화장발 벗겨진 누나들의 민낯 못지않은 기억의 민낯을 마주한 것이다. '그래, 기억의 본래 얼굴은 이런 거였어. 하나의 사건을 두고도 각자의 정답이 따로 있는 거였어.'

결국 '인생 연대표'는 기억이라는 신기루의 헛된 말풍선일까? 기억은 의식의 색안경에 갇혀 편집된 과거이니 별 의미가 없는 것일까? 아니다. 기억은 기억으로서 이미 숭고하고 진실하다. 사람들의 기억이 제아무리 콩가루라 해도 엄마, 아빠, 동생, 오빠, 누나라는 진실 위에 놓이면 맛 좋은 콩고물 범벅으로 변하게 되듯이, 당신의 기억이 신기루라 하여 모두 다 제거하고 보면 과연 무엇이 남겠는가? 나라는 존재가 남아나기나 할까?

이 문제의 해답은 순수 기억에 기대어 '인생 연대표'를 작성하는 당신의 마음에 달려 있다. 당신은 의식 속에 박제된 자신의 역사를 낚아 올려서 '지금 이 순간'이라는 현존의 어망에 담고 있다. '인생 연대표'는 이미 죽은 시간을 거슬러 선과 면과 공간이 살아 있는 입체의 세계로 환생시키는 일이다.

인생 연대표 작성 요령에는 지금으로부터 과거의 시기로 거슬러 올라가는 방법이 있다. 그 반대로 저 아득한 과거부터 순서대로 내려오는 방법도 있다. 선택은 자유다. 이왕이면 밀고, 당기고, 끼워 넣기가 자유로운 워드 프로그램을 활용해보라.

사유의 특성이 그렇듯, 한 건의 단서가 잡히면 마치 고구마 줄기처럼 잔잔한 인연들이 주렁주렁 달려 나온다. 이를테면 초등학교 친구 이름 하나를 기억했는데, 그 친구와 엮였던 다른 친구 이름이 생각나고 또 연상되면서 이어지는 식이다. 기억의 줄기를 따라 요모조모 들여다보면, 미처 몰랐던 당시의 상황이나 마음의 지도가 드러나고 뜻하지 않은 추억의 옹달샘을 발견하게 되는 일 또한 비일비재하다. 여전히 풀리지 않았던 그 일의 전모가 홀연한 깨달음처럼 열릴 수도 있다. '아하, 그 일이 이거였구나.'

자서전을 쓰고자 하는 사람에게 '인생 연대표 만들기'는 설계도이자 기둥이다. 이 작업만 제대로 해도 자서전을 쓰지 않고는 못 배길 것이라 자신한다. 자서전은 '인생 연대표'라는 뼈대 위에 이런저런 스토리를 하나씩 덧붙이면 되기 때문이다. 한마디 덧붙이자면, 자서전 쓰기는 또 다른 형태의 놀라운 자기 치유 작업이다. 치밀하고 적극적인 자기 상담과 같다. 만약 당신이 '남에게 보여주지 않을 자서전'을 쓴다면, 그 효과는 정신과 치료 이상일 것이라고 확신한다.

두꺼운 표지로 싸인 유명 인사의 자서전은 냉정한 시선으로 보면, '자서 변명전'에 가깝다. 특히 한국 사회에는 아직 진솔한 자기 고백적 자서전은 없다고 해도 과언이 아니다. 결국은 자기변명 내지 자기 합리화의 공허한 진술서가 대부분이다.

그런 점에서 당신에게는 '가족을 비롯한 그 누구와도 공유하지 않는 자서전 쓰기'를 권한다. 혹시 당신 사후 100년을 기념하는 타임캡슐용 자서전이라면 상황이 다르겠지만 말이다. 말하자면 당신이 살아 있는 동안 누군가에게 헌정하거나 '자녀에게 남기고 싶은 부모 이야기'는 진실의 눈을 가리고 쓰는 글이 될 수밖에 없음을 결코 잊어서는 안 된다. 만약에 당신이 '인생 연대표'라는 뼈대 글을 기초로 이제껏 누구에게도 발설할 수 없었던 상처나, 비위, 비윤리, 부도덕성 등 음습한 내면의 기억을 드러내고자 한다면, 바로 이것이 '자기 치유 자서전'이 될 것이다.

자서전 쓰기가 반드시 '자기 치유'를 위한 글쓰기가 되라는 법은 없다. 자서전은 말 그대로 내가 하고 싶은 이야기, 남기고 싶은 사실을 정리하면 그만이기 때문이다. 그러나 그런 이유로 대부분 자신도 모르게 자기변명이거나 맺힌 한을 풀어내는 공간으로 활용하게 된다. 물론 그런 자서전이라도 남기고자 하는 욕구에 대해서 시비할 일 또한 아니다.

다시 생각해보자. 글이라는 게 꼭 타인하고 공유해야만 맛인가. 타인과의 공유는 당신이 쓴 글에 대해 타인의 가치관이나 판단이 개입하게 된다는 뜻이기도 하다. 지은이가 누군가를 의식하면서 글을 쓴다면 진솔한 자기 진술이 나올 수 있을까? 결단코 불가능하다. 타인에게 공개되는 모든 글은 존재의 민낯을 '있는 그대로' 보여줄 수 없다. '언어'라는 도구 자체가 이미 어떤 대상을 인간 중심으로 의역하거나 상징화한 '약속된 기성품'이기 때문이다. 거기에 더해 타인에게 보이려는 글이라면, 이미 '자서전'이 아니다. '자서전'이라는 이름을 빌린 '사소설'이 더 정확한 표현일 것이다.

　'인생 연대표 만들기'를 통한 자서전 쓰기는 이왕이면 타인에게 절대 보여주지 않는 글쓰기로 시도해보기 바란다. 그렇게 되면 자기 내면의 상처, 그동안 누구에게도 고백하지 못했던 어두운 과거의 기억을 백일하에 꺼낼 수 있을 것이다.

삶의 헤드라인 뽑기

'글쓰기명상의 실제'에서 두 번째 제안은 '삶의 헤드라인 뽑기'다. 헤드라인? 그냥 '머리 제목'이라고 하면 안 될까? 아니면 광고에서 잘 쓰는 '메인 카피'는 어떨까? 물론 그렇게 써도 별문제 없다. 복잡한 사연을 한 줄로 압축하는 글이라는 점에서 헤드라인이든 메인 카피든 머리 제목이든 의미는 대동소이하다.

이런 방식의 글쓰기를 생각했을 때, 나는 《난중일기》를 떠올렸다. 남의 일기를 엿보는 취미는 없지만, 워낙 국가 차원에서 장려된 '타인의 일기'여서 어릴 적부터 읽게 됐다. 그때 그 느낌이 지금의 신문 지면에 나타나는 '헤드라인'과 방불했다. 전란 와중의 복잡다단한 문제들을 이순신 장군은 딱 한 줄로 기록하곤 했다. 1592년 6월, 임진왜란이 발발한 해의 일기다.

"맑음. 사량 뒷바다에 진지를 구축하고 밤을 지새웠다(6월 1일)."
"맑음. 우수사 이억기와 일에 대해 논의하며 바다에서 잤다(6월 8일)."

신문 기사에서만 볼 수 있었던 헤드라인이 요즘은 TV 화면에도 종종 등장한다. 시청자의 눈과 귀를 두루 바쁘게 함으로써 정보 전달의 질을 높이려는 의도인지, 방송의 요점이나 다른 소식들이 화면 하단에 짤막하게 전해지곤 한다.

"오전 곳곳 대기질 탁해, 찬바람 불어 쌀쌀"
"흐드러진 연분홍빛의 향연, 진해는 연일 만원"

아나운서가 자막 관련 기사를 보도하는 가운데, 모니터 바닥에 핵심 문장이 정리된다. 당신은 이제 충분히 눈치챘을 것이다. '삶의 헤드라인 뽑기'는 자기 삶을 텔레비전 자막이나 신문의 헤드라인처럼 간결하게 압축 정리하는 일이다. 그 과정에서 당신은 복잡한 사건이나 헝클어진 생각을 뼈대 있는 한마디로 압축하는 힘을 갖추게 된다.

✓ 일생에서 잊히지 않는 사건을 신문의 헤드라인 형식으로 뽑아보기
✓ 작년 한 해에 대한 정리 기사를 쓴다면, 어떤 헤드라인을 쓸지 적어보기
✓ 오늘 하루 전체를 압축하는 헤드라인 쓰기

✓ 지난 한 달을 한 문장으로 압축하기

✓ 지금까지 살아온 연도 중 특정 연도를 적은 후 그해 전체를 한 문장으로 압축하기

✓ 어떤 사람과의 인연을 기사의 헤드라인처럼 정리하기

✓ 내면의 상처 혹은 두려움 등 여러 사연을 한마디로 정리하기

✓ 책 한 페이지를 읽고 한 문장으로 압축하기

단 한 문장에 전체를 담아내는 힘. 당신은 이와 같은 글쓰기를 통해 **실타래처럼 얽히고설킨 일속을 꿰뚫어 보는 힘을 갖출 수 있다.** 복잡다단한 사안 속에서도 어렵지 않게 핵심을 꿰찬다. 횡설수설하는 타인의 말을 듣고 요점만 정리해서 되물으면, 당신에 대한 신뢰감은 상승할 것이다. "물건을 조심해서 다뤄달라는 말씀이시죠?" 언어의 간결함에 내재하는 힘은 상상 이상으로 강하다.

"왔노라, 보았노라, 이겼노라!"

기원전 2세기 인물이었던 율리우스 카이사르가 전쟁에서 승리한 후 로마 시민에게 전쟁 무용담을 장황하게 떠들어댔다면 수백 년이 지난 오늘까지도 사람들 뇌리에 남아 있을까? 10여 년이 지났지만 나는 부산의 자갈치 시장 어느 한쪽에 적혀 있던 이 말을 잊지 못한다.

"오이소, 보이소, 사이소!"

　　　　　　　　3 ● 글쓰기명상의 실제

이 작업의 효험은 어떤 일에 대해 긴 시간이 지난 후, 자신이 어떤 이미지나 인상을 받고 있는지 어렵지 않게 깨닫는 재미도 있다. 깨닫는다는 것은 그 일을 극복할 수 있는 동기를 만났다는 의미다.

누구든 이런 경험이 있을 것이다. 신문 기사조차 읽을 겨를이 없을 때, 굵고 큰 헤드라인 글씨만 쓱쓱 읽어가면서 그 내용을 짐작하곤 한다. 좋은 헤드라인은 그 몇 글자 속에 기사의 모든 내용을 압축해 담는다. 깨알 같은 본 기사를 읽지 않고도 전체 내용이 이해된다.

나는 일기 쓰기가 싫거나 내 나름의 중요 사건을 소상히 적기 어려울 때, 이런 방법을 쓰곤 한다. 어떤 사안이든 골격은 대개 명사다. 위에서 읽은 《난중일기》를 다시 펼치자. '사량 뒷바다, 진지, 밤' '우수사 이억기, 일, 바다' 따위의 뼈대 같은 언어를 떠올려서 배치하면 끝이다. 이것이야말로 방앗간에서 참기름을 짜고 나면 발생하는 새까만 깻묵과도 같다. 헤드라인은 갖가지 요소가 얽히고설킨 내용을 극심하게 쥐어짜서 만든 까만 깻묵 같은 한 줄이다. 그렇게 쥐어짰음에도 그 참기름 깻묵에서는 진한 깨 내음이 풍긴다. 수많은 참깨의 생명력이 싱싱하게 살아 있는 참기름 깻묵 같은 한 문장!

당신의 오늘 하루를 단 한 문장으로 정리하면 어떻게 될까? 하루 동안 있었던 이런저런 사건, 만난 사람, 먹은 음식, 나눈 대화, 지나간 거리, 주변의 나무와 자동차 그리고 소음 등등. 이것들을 한 줄로 압축하여 신문 기사의 헤드라인을 만든다면 어떻게 쓸까? 나는 오늘 하루를 압축한 문장으로 "배탈로 이어진 저녁 과식"을 뽑아 본다.

나는 지금 과식으로 말미암아 배앓이를 하고 있다. 주말 오후를 맞아 부부 동반으로 친구들이 맛집으로 유명한 동태탕 식당에 모였었다. 싱싱한 동태와 애(동태 간) 맛에 흠씬 빠져들었다. 일행이 많으면 개중에는 소위 '손 큰' 사람이 끼게 마련이다. 음식이란 자고로 실컷 먹고도 남아야 한다는 지론으로 덮어놓고 마구 주문하는 '손 큰' 사람. 탕과 찜이 식탁을 채우고, '손 큰' 주인공이 "밥 시켜 먹자" 하니, '여기다 밥까지?' 하며 의아해하면서도 습관처럼 또 아귀아귀 집어넣었던 것이 소화력의 임계점을 넘긴 것이다. 그런 사연을 헤드라인처럼 뽑아보니, "배탈로 이어진 저녁 과식"이 나왔다. 이 한 줄을 뽑아내는 동안 오늘 만난 사람들, 주문한 술 종류, 술병 위치, 주문 순서 따위가 머릿속을 줄지어 지나간다.

이런 식으로 지나간 당신의 한 해를 한마디로 적어보라. 지나간 계절을 압축하여 헤드라인을 뽑아보거나 지금 이 순간의 마음을 딱 한 줄로 표현해볼 수도 있다.

정서 연대표
만들기

이 글쓰기는 삶의 미해결 정서를 해원解冤하는 감정 발굴 작업에 해당한다. 내 삶이 만약 한 곡의 음악이라면 감정이나 정서는 악보의 음계에 해당할 것이다. 삶은 그 음계에 따라 연주되는 소리, 모양, 냄새, 맛, 촉감의 높낮이를 통칭하는 표현이 아닐까?

　당신의 삶을 강물로 비유하면, 바위에 부딪혀 깨지는 격류일 때도 있고, 홍수일 때도 있고, 낮고 순해져서 햇빛 맑은 섬진강 하오처럼 거대한 물비늘을 난반사할 때도 있을 것이다. 당신의 삶이 그 강이라면 감정이나 정서는 그런 물비늘이 아닐까? 어떤 심술궂은 신이 있어, 튀어 오르는 강물 빛을 모두 거둬간다면 그래도 강의 자태를 유지할 수 있을까? 당신의 삶에서 감정이나 정서를 모두 걸러낸다면 자신의 흔적은 어디에서 찾을까? 당신이 스스로를 알아볼 수나 있을까?

삶과 정서는 강과 물비늘의 관계에 비유할 수 있다. 한 사람의 감정은 물고기의 비늘, 장수의 갑옷, 젖먹이의 옹알이, 강아지의 눈빛, 해거름의 산그늘이다. 삶은 슬픔, 기쁨, 두려움, 외로움, 좌절, 즐거움, 암울함, 막막함, 우울감 따위의 정서와 순간순간 뒤섞여서 한 곡의 인생가를 만든다.

'정서 연대표 만들기'는 내 영혼의 노트 어딘가에 끊임없이 새겨지는 생의 악장을 노출해보자는 제안이다. 당신과의 접촉 조건에 따라 놀람, 기쁨, 좌절, 평안 등의 리듬을 타면서 생의 곡절을 이어주는 감정은 심지어 꿈의 켯속까지도 파고든다. 당신은 자나 깨나 정서 덩어리다. 당신의 삶에서 정서를 빼는 것은 노을빛 섬진강에서 물비늘을 빼는 일이다. 당신이 살아온 날의 악장을 가만히 바라보면, 그때 상황이 어렴풋이 또는 선명하게 떠오르고, 그것을 떠받치는 그 무엇이 있을 것이다. 우리가 이른바 환희, 절망, 우울, 서러움, 수치심, 아쉬움이라고 하는, 기억하는 모든 사건과 한동안 동행했던 정서를 낙서처럼, 혼잣말처럼, 고백처럼 드러냄으로써 **내 삶의 느낌이 어떤 생애를 만들어나가는지 거리를 두고 바라보는 일**이 '정서 연대표 만들기'다.

✓ 자신이 살아온 연대기에 따라 당시의 대표 정서를 하나씩 적어보되, 연 단위나 반년 단위 또는 시기별 단위로 쪼개면서 적어가기
✓ 오늘에서 어제로, 어제에서 그제로, 시간을 거꾸로 돌리면서 떠오르는

기억에 따라 정서 이름표 붙이기

✓ 자신이 아는 사람을 떠올리며, 그 사람에 대한 나의 감정을 떠오르는 대로 적어보기

✓ 자신이 애착하는 물건에 나의 정서 이름표 붙이기

✓ 오랜 세월 이어지는 사연을 두고 (사건 자체는 내버려두고) 감정의 흐름만 적어보기

✓ 오늘 아침부터 지금까지 스쳐간 모든 감정 채집하기

감정은 변덕스럽다. 조금 전까지 검은색이던 감정이 금세 푸른색이 된다. 심리학에는 '15초의 법칙'이 있다. 하나의 감정이 치솟아 정점을 찍는 데 15초가 걸린다는 법칙이다. 긍정심리학자 데이비드 플레이David Fleay는 저서 《3초간》에서 '하나, 둘, 셋'을 세는 동안 감정의 갈래가 정해진다고 설명한다. 화가 나면 화의 갈래로, 기쁨이 일면 기쁨의 갈래로 접어드는 데 3초가 걸리고, 그 감정의 정점은 15초면 도달한다. 그러고 나면 이내 다른 감정으로 변한다. '아, 이런! 고작해야 15초짜리 수명이라니.'

문제는 그다음이다. 어떤 사건과 함께 감정이 솟구치거나 가라앉은 순간 화인火印과 같은 흔적이 내 어딘가에 새겨진다. 시간이 흘러 한 사람의 기억 속에는 육탈된 시신처럼 이야기는 털려나가고 감정이라는 유골만 남는다.

이런 대화가 있다. "그 사람은 아냐!" "왜?" "무조건 싫어!" "5년 전에 딱 한 번 본 사람 아냐?" "그래, 얼굴도 잘 생각나지 않지만,

싫은 건 맞아." 이쯤 되면, 우리 삶이라는 게 도대체 무엇이 진실인지 모호해진다. 사건이 진실인지, 남은 감정이 진실인지 알 수 없다. 분명한 것은 당시의 사건이나 감정보다 그것을 붙들고 늘어지는 '무지몽매한 모호함의 수명'은 지겹도록 길다는 것이다.

'정서 연대표 만들기'는 전쟁 용사의 유해 발굴 작업과 유사하다. 삶이라는 전쟁터에서 불의의 타격을 입고 사망하여 나도 모를 의식 깊은 곳에 처박힌 내 감정의 유해. 돌아갈 곳을 찾지 못해 구천을 어슬렁거리다 그럴 만한 환경만 만나면 지금의 감정에 달라붙어 홀연히 등장하곤 하는 불귀不歸의 마음 덩어리를 해원해주는 작업이다. 그 곁에 앉아 함께 울어주는 일이다. 생활이라는 전쟁터에서 가족의 안녕과 행복, 직장의 발전과 성장이라는 명분 때문에 스스로 목 졸라야 했던 내 꿈, 욕망, 사랑, 의지, 신념, 가치관 등의 잔해가 나뒹구는 곳, 그렇게 산화해간 내 젊음과 정서의 무덤에 막걸리 한 사발 뿌리며 마음을 달래주는 일이다.

　막막한 안갯속 같은 기억이어도 좋다. 마음의 시선을 그곳에 두고 떠오르는 사연을 가만히 지켜보라. 떠오르는 영상 속에는 반드시 정갈하게 육탈된 정강이뼈 같은 정서나 생각이 남아 있을 것이다.

- 20**년(8세): 두려움, 외로움, 놀람
- 20**년(9세): 놀람, 서러움, 환희, 아쉬움, 수치심, 아득함
- 20**년(10세): 설렘, 좌절감, 폐쇄감, 놀람, 서러움, 지겨움, 불편함, 아쉬움

연대별 감정을 적거나 어떤 인물에 대한 감정을 떠올리거나 마찬가지다. 당신이 주로 어떤 감정을 소환하는지 살펴보라. 자주 불려 나오는 감정어에 주목해보자. 그것이 혹시 당신의 감정 습관은 아닌지 확정 짓기 망설여지면, 친구들 단톡방에 이야깃감으로 넌지시 던져보라.

"어이 친구들! 우리가 초등학교 때부터 20여 년 동안 지나오는 동안 내가 가장 자주 부리는 감정이 있다면 무엇이라고 할 수 있겠나?"

내 삶이 아름다운 이유

예닐곱 살 시절, 나의 겨울밤은 고열과 편도선염, 기침에 대한 기억으로 가득하다. 초저녁까지 잘 놀고 잘 자던 아이가 새벽녘이면 목줄을 세워 피를 토하듯 기침을 해댔다. 붉은 선홍색으로 부풀어 오른 목젖에 기생충이라도 기어 다니는 걸까? 당시에는 목젖에 손가락을 넣어 한바탕 득득 긁어댈 수만 있으면 소원이 없을 것 같았다. 땀에 전 몸을 굼벵이처럼 오므렸다 펴기를 반복하며 기침을 해댔다. 달궈진 조약돌 같은 얼굴로 이불 안팎을 나뒹굴며 자다 깨다 했다.

어머니는 혼절 지경이 되어 몸부림치는 내게 새벽 어스름을 더듬어 다가왔다. 미친 듯이 기침을 해대는 아들 걱정에 평소보다 일찍 잠자리를 비웠을 터다. 어머니는 일단 내 이마를 손바닥으로 가만히 대고 체온을 쟀다. "오메, 어쩌끄나. 내 아들." 이마를 짚었던

손으로 내 가슴을 쓸어내리거나 배를 둥글게 문질러댔다. 기이하
게도 어머니의 새벽을 들깨운 나의 몸부림은 빠르게 자지러졌다.
당신은 지난밤 내 목에 둘러주었던 수건을 풀어젖혔다. 어머니는
자기 혀를 내밀어 내 목덜미 이곳저곳을 핥았다. 어머니의 혀는 변
함없이 따뜻하고 시원하고 간질간질했다. 제삿날 향불 내음 같은
것이 어디선가 풍겨 오르는 것 같았다. 나는 밭은 숨을 쌕쌕거리
면서도 새끼의 목을 여기저기 핥아대는 어미의 혀에 목울대를 길
게 뻗어 내맡기고 있었다. 나는 어머니의 끈끈하고 시원한 침이 내
목구멍 속 득실거리는 기생충을 모두 잡아 죽인다는 상상을 했다.
한참을 아들의 편도 근처 목덜미를 핥아댄 어머니는 내 귀에 대고
속삭였다.

"엄마가 약 발라놨응게 인자 곧 좋아질 거여. 염려 말고 한숨 푹
자."

네 번째 제안은 내 기억 속 어여쁜 사연을 발굴하자는 것이다. 마
음에 활력을 채워주는 일종의 비타민 생성 작업이다. 당신이 살아
온 날을 찬찬히 돌아보면, 싱싱한 봄꽃 같은 사연이 삶의 갈피갈피
에 피어 있지 않겠는가.

그럼에도 당신은 사랑받은 기억보다 상처받은 일을 더 억세게
붙들고 있을 것이다. 마치 삶의 목적이 불행 공장을 가동하는 일인
것처럼 그악스레 상처만 기억하는 사람도 있다. 물론 그건 당신 탓
이 아니다. 인류는 긍정성보다는 부정성에 더 노출되기 쉽다는 것

이 정설이다. 인류의 진화 과정에서 지나간 일에 대한 반성이나 후회, 미래에 대한 근심, 걱정의 기제가 없었다면, 문명 발달은 물론이고 인간 종種의 지속을 기약할 수 없었다는 말이 있지 않은가.

수십만 년 동안 우리의 조상을 둘러싼 물리적 악조건이 수천, 수만 세대를 반복하면서 인류 유전자에 뿌리 깊게 내린 결과가 의심과 두려움, 탐욕 따위다. 그런 측면에서 보면 선명히 짚이는 게 있다. 인류는 여전히 독에 갇힌 쥐처럼 대자연에 대해 심각한 열등감과 두려움에 빠져 있는 듯하다.

글쓰기명상을 안내할 때 자주 던지는 질문이 있다. "길을 가다가 불길이 치솟는 화재 장면과 두 연인이 오랜만의 만남을 기뻐하며 눈물짓는 장면이 동시에 포착됐다. 이때 당신의 관심은 어느 쪽을 향할 것 같은가?" 당신은 이미 답을 알고 있다. 더 불행한 쪽, 더 근심스러운 쪽으로 관심이 간다. 세계적으로 문맹률이 낮은 우리나라에서도 여전히 선거 막판에 이르면 흑색선전과 중상모략이 판을 치는 이유 또한 마찬가지다.

인간의 신경 에너지는 일단 부정성부터 힐끗거린다. 불과 수십 년 전만 해도 그런 상황 포착이 살길이었다. 광합성 식물이 덮어놓고 햇빛을 향하는 것과 같다. '이건 거짓이고 술수야' 하면서도 그 거짓과 술수를 술안주 삼아서 자신의 입을 흑색선전의 숙주로 만들고야 만다.

다소 의도적으로 '아름답거나 긍정적인 대상'을 발굴해내는 근력을 길러야 하는 이유가 여기에 있다. 그렇지 않으면 자신도 모르게 불편과 두려움, 불안, 근심이라는 관념에 포박되기 쉽기 때문이다. 당신의 의식 가운데 80퍼센트 이상이 자동화된 부정성 위에 놓여 있다고 하지 않은가. 삶 전반을 뒤져서라도 애써 아름다운 기억을 추출해야 할 이유는 무얼까? 이렇게라도 해야 당신의 정서는 겨우 균형과 조화를 이루기 때문이다.

나는 이 '아름다운 이유 찾기'의 활용이 행복한 삶의 바탕이라고 생각한다. **긍정성은 인류 역사 이래 두려움과 근심 등에 야금야금 빼앗겼던 마음의 영토**이기 때문이다. 수십만 년 동안 온갖 고초를 겪어온 탓에 영토 회복이 생각보다 쉽지 않다. 걸핏하면 부정적 운명이나 팔자타령 속으로 편입되곤 한다.

　회복을 위한 집중력과 지구력이 필요하다. "예, 좋습니다" "고맙습니다" "미안합니다" "기분 좋군요" 등. 이 몇 마디 말조차도 녹슨 곡괭이로 마른 땅을 찍어대는 개척자처럼 단단히 마음먹어야 할 수 있다. 행복 감정은 틈만 나면 고장 나기 때문이다.

✓ 옛 사진을 꺼내서 사진 설명 쓰기
✓ 살아오면서 타인과 나눴던 아름다운 대화를 시나리오 형식으로 재현하기
✓ 인연 중에서 긍정적 인상으로 남은 사람의 이름을 적고 인사 나누기
✓ 아름다운 사건을 공유했던 친구에게 전화해서 취재 형식으로 이야기

구성하기

✓ 어린이에서 어른이 되는 동안, 사건 속 갈피에 끼어 있는 예쁜 이야기
  발굴하기

✓ 살아온 동네 구석구석을 기억 속에 되살리면서 그때의 내 모습 발견
  하기

✓ 떠올리기 싫은 기억을 더듬으며, 그 안에서도 아름다웠던 순간 포착
  하기

물론 위와 같은 나의 제안을 심각하게 받을 일은 아니다. 본격적인
산문 쓰기를 하자는 것이 아닌 바에는 사명감으로 무겁게 무장할
필요도 없다. 그저 마음의 시선을 살아온 생애 속으로 돌려서 가만
히 살펴보자. 처음에는 푸른 강물을 바라볼 때처럼 무엇이 있었는
지 생각을 떠올리는 것이 막막할 것이다. 하지만 찬찬히 내 안을
들여다보면, 아름다운 사연이라는 금붕어 한 마리가 꼬리를 흔들
며 지나가는 모습이 보이기도 할 것이다. 그럴 때 적어보자. 딱 한
줄만 드러낸다는 마음으로 가볍게. 그렇게 쓰다 보면 결국에는 두
세 줄은 쓰게 마련이다. '내 삶이 아름다운 이유'라는 이 소소한 사
연을 찾는 데도 나는 상당한 '집중력과 지구력'이 필요했다.

> 친구 석이가 죽었다. 폐암 말기였고, 손쓸 틈이 없었다. 죽기 며칠
> 전, 석이는 나를 보자고 했다. 병실에는 다른 남자가 하나 있었다.
> "내 친구다" 석이가 말했다. "나 대신 이 친구하고 잘 지내."

3 ● 글쓰기명상의 실제

초등학교 4학년 담임, 장현수 선생님은 수업 시간에 장난치다 들킨 나를 교탁으로 불렀다. "잘못했지?" "예." "그럼 매 맞아야지?" 울상이 된 나를 선생님은 번쩍 들어 올렸다. 두 팔로 내 몸을 아나콘다처럼 휘감은 선생님 얼굴은 온통 털북숭이였다. 선생님은 그 화장실 수세미 같은 털북숭이로 내 얼굴을 박박 문질러댔다. "아프지?" "예" "그럼 됐어. 들어가."

내 삶이
부정적인 이유

그해 4월 어느 날, 내 앞에 앉은 사내 네 명의 체구나 자세는 범상치 않았다. 한 사람은 황토색 줄무늬 죄수복을 입었고, 나머지 세 사람은 푸른색 옷을 입었다. 각각 20대 초반, 40대 초반, 40대 후반, 50대 중반으로 보이는 이들의 공통점은 헐렁한 죄수복 속에서도 살집이 두텁고, 어딘지 기세등등한 기운이 느껴진다는 것이었다. 20대 초반 청년의 낯빛은 깎아놓은 오이 같았는데, 그의 긴팔 죄수복 팔목 부위에 뱀 대가리 문신이 보일락 말락 하면서 소맷귀를 들랑거렸다.

나는 몇 달 전 전화로 이들의 상황을 전해 들었다. 수감 중에 '사고를 쳐서' 징벌방을 들락거리는 수인들인데, 그들에게 명상 안내를 해달라는 문의였다. 그때만 해도 교도소에서 명상 안내를 해본 적이 없었기 때문에 도전해보고 싶은 마음이 들었다. 상담 실무 교도관은 3개월 후부터 1주일에 4회를 부탁했다. 그날까지 3개월 정도 여유 있다는 사실에도 고무됐다. 승낙의 배경엔 '3개월 후'가 가장 큰 영향을 미쳤다.

문제는 그다음부터였다. 1개월이 지나고 또 1개월이 지나면서 마음이 점점 무거워졌다. 교도소라는 데는 어떤 곳일까? 교도소 징벌방에 있는 그들의 죄는 얼마나 무거웠길래 그런 처지가 됐을까? 독방에서 온종일 포승줄에 묶여 있다는데 정신적으로 정상이라고 할 수 있을까? 말 한마디 삐끗했다간 순식간에 한 방이 날아들지도 몰라. '지금부터 척추를 반듯이 세우고 눈을 한번 감아볼까요?' 내가 이렇게 말했을 때 감기는커녕 눈을 부릅뜨고 나를 노려보면 어떡하지 싶었다.

교도소에 방문할 날이 하루하루 다가왔다. 친구하고 낄낄거리다가도 그곳에 갈 생각이 스치면 문득 가슴 한쪽이 무지근하고 몸 안에서 '텅!' 하는 소리가 울리는 듯했다. 상담 업무 교도관에게 전화해서, 그날 갑자기 외국에 출장 가야 할 일이 잡혀버렸다고 쩔쩔매는 시늉을 하고도 싶었다.

교도소 방문 1주일 전, 막바지에 몰린 심정으로 정좌 명상에 들었다. 자리에 앉아 나는 2,600년 전 인도의 한 수행자를 떠올렸다. 생과 사의 문제를 풀기 전에는 자리에서 일어나지 않으리라고 결의한 그에 비하면 나는 얼마나 하찮은 주제에 짓눌려 있는가. 오늘은 하다못해 그 흉내라도 내보리라 했다. 그날의 명상 주제는 '내 안의 폭력'이었다. 내가 살아오는 동안 마음으로라도 폭력적이었던 기억이나 폭력을 당했던 기억, 폭력이라고 느꼈던 기억들을 낱낱이 살펴보기로 했다.

오래지 않아 나는 이를 바득바득 갈면서 누군가의 몸을 휴지처럼 찢어버리고 싶었던 기억과 마주했다. 기억의 켯속을 찬찬히 들여다보니 그런 일이 한두 번도 아니었다. 청소년기 어느 땐가는 남몰래 치를 떨면서 우리 집을 불태우는 궁리도 했고, 나에게 모욕감을 준 반장 녀석의 머리통을 날려버리고 싶다는 상상도 했다. 저주와 피해의식의 불구덩이에서 불면했던 시절도 있었다. 그런 나를 두려워하면서 진땀 흘렸던 기억들까지 하나둘씩 떠올랐다. 이것이 내 몸을 통한 행위로 일부분이라도 드러났다면? 언제가 됐든, 나는 아마 그들이 있는 곳에 묶여 있을 것이었다.

나는 이런 기억을 되도록 구체적으로 떠올렸다. 내면 어느 곳에서는 '이제 와서 그런 것들을 들춰서 무슨 도움이 되느냐'는 질책의 소리가 들려오곤 했다. 하지만 나는 밀어붙였다. 한 차례 명상으로 끝내지 않았다. 지금까지 살아오는 동안 내 삶이 얼마나 아슬아슬했는지 부들부들 떨면서 돌아보았다. 이런 성찰 작업은 결국 내 의식의 변성을 불러일으켰다. 나는 놀랍게도 교도소의 그들이 오히려 친근해지는 경험을 했다. 혹시 내 안의 어둠이 그들에게 전이된 건 아닐까? 내 분노나 잔인성, 편집증, 다중인격 따위의 부정성을 그들이 대속代贖하고 있는 건 아닐까?

내 안에서 작동 중인 부정성을 하나하나 살피다 보면, 타인의 온갖 부정성을 변명해주고 싶기도 하다. 당신들의 분노, 추악함, 두려움, 근심, 지질함, 욕설 따위가 모두 나의 내면 어딘가에 쌍둥이처럼 자리하고 있음을 알게 되기 때문이다. 나의 욕설과 당신의 욕설이 다르지 않음을 깨달을 때, 그 행위를 자행한 나의 이유가 분명한 것처럼 당신의 이유도 분명하리라는 이해가 이루어진다.

저서 《알아차림의 기적》으로 널리 알려진 아남 툽텐 린포체Anam Thubten Rinpoche가 말하는 '용서'는 여기에서 시작한다. 그와 내가 다르지 않음을 깊이 이해하는 지점. 그의 행위가 나의 내면 어딘가에 분명한 기억이나 정서로 쌍을 이루고 있음을 보고 알고 인정하는 것. 이런 발견의 첫 순간은 참담할 것이고, 자신에 대한 실망과 분노를 못 이겨 그만 주저앉을 수도 있다. '내가 저런 사람의 내면과 비슷한 종자라니, 인정할 수 없어!' 하지만 진정한 용서는 이런 개똥밭을 딛고 일어서는 일이다. '보시오. 당신 인생이나 내 인생이나 개똥밭 같기는 비슷하오.'

'내 삶이 부정적인 이유'를 참을성 있게 서술하다 보면, 무슨 일이 벌어질까? 삶의 어지러움이나 음습함, 추악함 속에 놓인 동류의식을 확인할 수도 있다.

✓ 기억 속에 상처로 남아 있는, 내가 하지 못했던 말 적어보기
✓ 혐오감이 올라왔지만, 직책이 낮아서 하지 못했던 온갖 욕설 적어보기
✓ 나를 두려움(슬픔, 좌절, 우울, 분노 등)에 떨게 한 말들은 대로 적어보기

✓ 그동안 감추고 싶었던 말, 차마 입에 담지 못했던 말, 남에게 꺼내지 못했던 상상 등 마음껏 적어보기
✓ 슬프거나 두렵거나 수치심에 휩쓸리게 한 사람의 말 그대로 적어보기
✓ 나를 부정적 감정에 빠지게 한 사람의 표정 묘사하기
✓ 오늘 하루 동안 평온한 표정 속에 감추거나 억압한 욕설, 분노, 슬픔, 좌절 등의 기억 말하듯이 드러내기

메스로 뱃살을 그어 자기 내장을 꺼내보는 일은 잔인하고 혐오스러울까? 그럼으로써 당신이 죽을병에서 살아나는 기회를 얻게 된다면 어떨까? 글쓰기명상에서 내 삶의 부정성을 드러낸다는 것은 무슨 의미일까? 아마도 자기 내장을 꺼내보는 사태에 버금가는 힘겹고 고통스러운 작업일 것이다. 하지만 그럼으로써 자기 내면의 부정성과 세상의 부정성이 일란성 쌍둥이처럼 같음을 알게 된다면 당신은 어떤 사유를 하게 될까?

안쪽의 나도 나이고 바깥쪽의 너도 나임을 알게 됐을 때, 혼란스러울까? 아니다. **당신이 안팎이 다르지 않음을 깨우친 순간, 진실로 긍정하게 된다.** 부정과 긍정 사이는 상대적이고 밀어내는 힘의 작용에 의해 만들어지는데, 당신의 의식에서 거부할 대상이나 밀어낼 대상이 없음을 발견하기 때문이다. 긍정심리학자 마틴 셀리그만Martin Seligman은 자기 내면의 부정성을 수용하는 것이야말로 삶을 긍정하는 것이라고 설명한다.

이 글쓰기에는 자신과의 대면에서 전투력을 발휘하는 용기가 필요하다. 동면하는 짐승처럼 자기 내면에 웅크리고 있던 어둠 속 야수를 들깨우는 일이기 때문이다. 누구보다도 성실하고 가정적이며 착하고 순박한 사람이라는 가면을 스스로 벗어야 하기 때문이다. 살아온 세월만큼 속살 깊숙이 녹아들어서 이제는 속살인지 가면인지 구분하기 어려운 살피를 뜯어내는 일이기 때문이다.

누구든 이런 상황은 회피하고 싶을 것이다. 다른 사람은 몰라도 나는 이렇게 막장 인생이 아니라고 도리질하고 싶기도 할 것이다. 하지만 잊지 말라. 당신이 어떤 사람의 역겨움을 발견했을 때, 그 '역겨움'은 당신이 일으킨 감정이지 상대가 손수 '역겨워하라'고 떠먹인 감정이 아니다. 만약 상대가 억지로 떠먹인 감정이라고 믿는다면, 당신이라는 존재는 상대 감정의 꼭두각시라는 꼬리표를 붙여야 한다.

대안 없는 외통수 게임. 자기 내면에 두려움의 경험이 없는 젖먹이는, 호랑이가 코털로 간지럽히면 호랑이 코털을 뽑았으면 뽑았지 두려워하지 않을 거라는 사실을 이해한다면, 해결책은 자명하다.

나를 기쁘게 하는 말

타인은 나에게 언어로 남는다. 그가 나에게 했던 말이나 글로 남는다. 긴 세월이 흐르면서 그의 인상은 물속의 창호지처럼 흐릿해지지만, 나를 기쁘게 해준 말은 또렷이 남아 있곤 한다.

　"아이고, 우리 도련님 똘똘하기도 하시지."

이 말은 나의 사촌 형수가 시집와서 여섯 살배기 시동생에게 했던 말이다. 우리 큰댁에 갓 시집온 사촌 형수가 왜 그 말을 했는지 전후 사정은 내 의식에서 소실됐지만, 나는 그 말 한마디를 기억한다. 왜일까? 그저 기뻐서였다.

지금은 팔순 초입에 든 그 사촌 형수가 우리 일가붙이와 살아오는 동안 고달픔이 왜 없었겠는가. 시골 대소사라는 게 은밀하든 드러나든, 서로 오가는 말들을 빼고 나면 적막강산이나 다름없다. 그

어지러운 말 구덩이 속에서도 나는 한결같이 형수 편이었다. "형수가 그럴 리 없어. 설사 그렇게 말했다 치더라도, 그건 형수 본의가 아닐 거야. 내가 알고 있는 형수는 그럴 분이 아니거든." 이렇게 다짜고짜 편들고 나섰다. 이런 어이없는 편파성은 어디에서 기인하는 걸까? 그 이유를 나는 알고 있었다. 여섯 살배기 사촌 도련님을 기쁘게 해준 그 말 한마디 때문임을. 나는 아직도 50여 년 전 예쁘장한 새댁이었던 형수의 말을 떠올리면 기분이 좋아진다.

"이틀 동안 뭘 했길래 전화 한 통 없었어요?"라는 아내의 말을 듣지 않았다면 나는 지금 누구와 살고 있을까 싶다. 누군가의 질책이나 사랑스러운 강샘이 나의 기쁨을 폭발시키기도 한다는 사실을 당신도 경험했으리라. 그 당시 그녀가 했던 '좋아요'라는 말 한마디가 나에게 기쁨이 아니고 난감함이나 허전함이었다면, 내 인연의 흐름은 전혀 엉뚱한 곳으로 흘렀을지도 모른다.

　언어는 에너지다. 언어는 존재의 집이라고들 하지만, 이는 너무 소박한 비유다. 몸짓이든 입말이든 **언어는 우주적 시공을 가로지르는 거대한 소통 에너지다.** 28년 전, 지금은 아내가 된 사람의 '좋아요'라는 말 한마디가 수십 년 동안 생명력을 갖고 삶의 동력이 되어 우리 아이들을 탄생시켰다. 우리는 혀와 몸짓을 통해 그런 초월적 에너지를 마구 내뿜고 다닌다.

양자물리학에서는 언어의 화인火印을 언급한다. 입말은 지문처럼 자기만의 독특한 음색과 무늬를 가진 언어 화석으로 허공에 떠다 닌다는 것이다. 과학이 이대로 발달한다면 당신이 사용하는 모든 언어는 허공 어딘가에서 떠돌다가 채집되어 복원될 수 있다. 현실성 없는 공상 과학 이야기일까? 현재 당신은 기계적 처리를 거치면 수십 년 전에 했던 말도 고스란히 재생할 수 있는 세상에 살고 있다. 과학의 발달은 당연히 허공 속 언어 파장까지도 채집하여 재생하는 수준으로 나아갈 것이다. 과학은 누군가의 개인적 경험을 늘 공공의 경험으로 확장해왔기 때문이다.

✓ 지금 이 순간, 내 몸이나 마음속에 있는 기쁨 드러내기
✓ 나를 기분 좋게 했거나 편안하고 따뜻한 느낌이 들게 했던 말 적어보기
✓ 누군가를 떠올리면서 그를 설레게 할 만한 말 적어보기
✓ 살아오면서 부모 형제에게서 들었던 기분 좋은 말 적어보기
✓ 이런저런 이유로 직접 전하지 못한 칭찬이나 감사, 기쁨의 표현 적어보기
✓ 마음에 스치는 사람을 떠올리면서 그를 향한 기쁨의 감탄사 하나씩 적어가기
✓ 기쁨에 겨워하는 미래의 내 모습 묘사하기

당신에게 그의 말은 왜 중요한가? 당신을 기쁘게 하는 말이 단지 언어일 뿐인가, 아니면 언어에 수반한 상황인가? 이를테면 누군가

가 '당신 참 예뻐'라고 했다 치자. 이 말을 들으면 무조건 기쁠까? 같은 사람이라도 호젓한 산길에서 듣게 됐을 때와 궁지에 빠진 그가 상황 모면용으로 '당신 참 예뻐' 하는 것은 다를 것이다. 또 같은 말이라도 그 말을 하는 사람이 누구인지에 따라 기분이 좋을 수도 두려울 수도 있다.

당신은 늘 '자신을 기쁘게 하는 에너지'와 접촉하고 싶다. '기분 나쁜 말이나 느낌'은 혐오한다. 하지만 이 말들이 자기의 마음 주머니에 담겨 있어서 꺼내기 전에는 알 수 없다. 막연하게 '나는 이런 말이 듣고 싶어'라고 할 수는 있다. '나는 이런 말이 싫어'라고 할 수도 있다. '듣고 싶어' 내지 '듣기 싫어'는 내 의도지만, 막상 '듣게 되는 말'은 내 의지와는 상관없다.

　당신을 둘러싼 조건은 그런 점에서 냉정하고 신랄하다. 아무리 듣고 싶은 말이지만 그는 까맣게 모르는 듯하다. '옆구리 찔러 절받기' 전에는 별 대책이 없다. '나를 기쁘게 해주는 말'을 해주지 않는 그에게 불만의 화살을 쏘아붙여야 할까? 어떻게 하면 그에게서 '내가 기뻐할 말'을 들을 수 있을까?

　이런 궁리는 한두 번이면 족하다. 반복하면 인생이 좀 비루해진다. 자존감이 떨어질 뿐만 아니라 뜻밖에도 그를 향한 아쉬움, 적개심이 고개를 쳐들 수도 있다. 당신은 이런 감정을 목표 삼지는 않았을 것이다. 타개책은 없을까? 당연히 있다. 관점을 바꿔보는 것이다. '내가 어떻게 말하면 그가 기뻐할까? 무슨 말이 그를 기쁘게 할까? 그가 어떻게 응대하든 난 상관없어. 나는 내가 할 수 있는 만큼 주도성을 발휘할 거야.' 이런 정신으로 말이다.

그렇다면 어떤 방법이 있을까? 살아오는 동안 당신이 들었던 기쁨의 언어들을 모두 적은 다음, 그 말을 그에게 하라. '당신 눈썹 모양이 선명해서 좋아' '나한테 당신은 늘 파랑새야' '당신 손은 언제 잡아도 따뜻할 거 같아' 등. 이처럼 선한 의도의 말 한마디가 당신을 인생 역전의 길로 안내해줄지 누가 알겠는가. 아니다. 이렇게 했는데도 삶이 역전되지 않으면, 지금 잘 살고 있는 것이다.

나를 부정적 감정에
빠뜨리는 말

당신의 기억에는 기쁨의 대화가 있는가 하면, 깊은 동굴 속 박쥐처럼 음울한 대화도 있다. 그래서일까? 어떤 이는 '부정적 감정에 빠뜨리는 말' 글쓰기 앞에서 이런 근심을 토로한다. "부정성을 적다 보면 부정성을 연습하는 꼴 아닌가요?" 충분히 할 만한 걱정이다. 자칫하면 내 안의 부정성을 베껴 쓰고 학습하는 훈련이 될지도 모르고, 그야말로 적어가면서 외우는 셈이 아닐까 걱정도 된다. 하지만 살펴보라.

수동적으로 드러나는 대상과 능동적으로 드러내는 힘은 과연 같을까, 다를까? 강한 조명을 일방적으로 받고 있는 상태와 당신이 어디엔가에 불빛을 비추고 있는 상황을 연상해보면 실감 날 것이다. 한쪽은 숨기고 싶은 속살을 마지못해 드러내는 상황이고, 다른 한쪽은 거울 앞에 서서 스스럼없이 드러내는 형국이다. 수동적으로 불빛을 받는 자에서 주도적으로 불빛을 비추는 자가 되어보자. 자기의 상처와 부정성을 스스로 드러냈을 때, 과연 그것을 배우고 학습하는 효과가 일어나는 것일까? 절대 그렇지 않다.

엘리자베스 퀴블러 로스Elizabeth Kubler-Ross와 데이비드 케슬러David Kessler 부부는 공저 《인생 수업》에서 "진정한 자신이 되려면 자신의 어두운 면과 결점에 대해서도 솔직해져야 한다"라고 조언한다. 그러하니 드러내는 자여, **당신의 상처에 기생하는 그 아픈 사연에 '솔직'이라는 빛을 쪼여주기를 바란다.** 당신의 심리적 직사광선에 드러난 언어는 빛에 놀란 박쥐처럼 당신이라는 동굴을 떠날 것이다.

거의 모든 심리상담은 본인의 상처를 드러내는 데 초점 맞춘다. 왜 그럴까? 스스로 인식하지 못한 상처는 빗나간 상황을 만나는 순간 주인의 통제권을 벗어나기 때문이다. 내 입에서 내가 허용하지 않은 욕설이 총알처럼 나간다고 생각해보라. 음식이 내 입에서 제멋대로 새 나가듯, 내가 인지하지 못한 웃음을 비식거리고 있다면?

스스로 통제되지 않는 자신의 언어, 태도, 감정, 생각을 떠올려보라. 이런 일은 일상에서 비일비재하게 일어난다. 자각하지 못한 순간마다 발생하는 무의식적 자동화 작용이기 때문이다. 타인과의 관계를 손상하지 않을 정도면 스스로 문제 삼지 않을 뿐이다. 하지만 돌이켜보면 참으로 아슬아슬한 일상이다.

당신은 이런 상황에서 완전히 벗어나 있을까? 잘 아는 사람과 악수하려는 순간 갑자기 소름이 끼친다면? 이런 상황이 한두 번도 아니고 계속된다면? 누가 봐도 정상적이고 아름다운 중년인 혜명 씨에게 최근 들어 생겨난 감정 습관이다. 소름도 그냥 소름이 아니라 온 뼈마디가 굳어버리는 듯한 경험이다. 하필이면 그녀는 카페를 운영하고 있다. 그러다 보니 자연스레 단골과는 악수할 일이 잦다. 그런데도 악수하다가 온몸이 긴장되는 경험을 몇 차례 반복하자 잘 아는 손님일수록 두렵기도 하고 걱정도 된다. 물론 단골은 그러는 카페 주인을 의아하게 여긴다. 이런 일이 한두 번으로 그쳤다면 별문제가 되지 않았겠지만, 이유 없이 증상이 반복되다 보니 카페를 접을 때가 됐나 하고 고민하게 된다.

이런 사연을 글쓰기명상으로 접근하면 어떻게 될까? 물론 정형화된 틀은 없지만 나 같으면 이렇게 한다. 첫째, 그 기억에 대해 지금 기분이 어떤지 적어본다. 되도록 입말 그대로 적는다. 이를테면 그 기억을 떠올리는 순간, '머저리 같아'라는 말이 떠오르면 그대로 적는다. 계속 떠오르는 감정이나 생각이 있으면 연속해서 적는다. 둘째, 악수하는 순간 몸이 반응하는 소리를 받아 적어본다. '악!'이라는 소리가 몸에서 들리는 듯하면 그렇게 적는다. '빠지직'이라는 소리가 들리는 것 같다면 그렇게 적는다. 셋째, 악수하는 사람에 대한 부정적 기억이나 생각, 감정이 있으면 그대로 적는다. 긍정적 기억이나 생각, 감정이 있어도 그대로 적는다. 가급적이면 그와의 대화 기억, 그와의 감정 교류 기억 따위를 입말 그대로 적어본다.
이 과정을 여러 차례 반복한다.

내면의 부정성을 문자로 드러내는 것은 자기 삶이 평균치에 가깝
다고 여기는 사람일수록 더 생경한 느낌을 준다. 자신을 타자화하
여 냉정하게 바라보는 일이기 때문이다. 이는 자기 몸속의 염증 덩
어리를 스스로 들여다보는 일이나 다름없다. 갑자기 살구를 깨문
것처럼 몸이 호드득거릴 수도 있다.

하지만 이것은 어느 시기엔가 당신의 눈, 귀, 코, 혀, 피부라는 다
섯 가지 감각기관과 의식을 통해 내면에 축적된 기억이다. 어린 시
절 내 부모가 사는 모습을 보면서, 그들이 나누는 대화를 들으면
서, 형제들과의 다양한 관계 속에서 알게 모르게 내재화된 마음의
내용물이다. 마음의 가장 큰 특성인 판단하고 분별하는 기능이 '긍
정적 감정'과 '부정적 감정'으로 분류하여 당신의 무의식에 저장한
것이다.

어린 시절 애착의 대상에게 반복적으로 불신받았던 사람은 어
른이 되어 자기를 불신하는 상사나 동료를 만나면, 무의식중에 공
격성을 드러내거나 반사적으로 위축되기도 한다. 본인 의지와 상
관없이 과잉 충성하다가도 남모르게 삼엄한 눈빛을 날릴 수도 있
다. 자기 감정을 마술적으로 변형하기도 한다. 웃으면서 화내거나,
작은 소리로 불만을 웅얼거리면서 미소를 잃지 않거나, 끊임없이
웅얼웅얼 투덜대면서도 행동은 민첩하거나, 대답은 빠르지만 실행

은 지지부진하거나, 진지한 태도와는 다르게 중요한 것일수록 깜박 잊는 일이 빈번하게 벌어지곤 한다.

어쩌면 당신의 생각만큼이나 다양한 것이 분노 표현이다. 이처럼 가면무도회 같은 상황이 반복되면, 모르는 사이에 습관으로 굳어져서 자기 자신부터 피해자가 되기 일쑤다. 그렇게 은닉한 당신의 분노를 주변이 먼저 느끼기 때문이다. 그 대가는 어떤 현상일까? 은근한 따돌림일 수도 있고, 더 각박하고 거칠어지는 인간관계일 수도 있다. 더 나아가면 우울증이나 자폐증, 거식증, 자살 충동 따위의 심각한 상황에 이르기도 한다.

내면의 부정성을 드러내는 작업은 용기가 필요한 일이다. 행복했던 기억을 드러내거나 희망에 찬 미래를 그리는 일에 비해 내면의 저항이 크기 때문이다. 달리기로 비유하면 고난도 장애물 경주처럼 순식간에 숨이 차고 두려움의 웅덩이에 처박힐 것만 같은 작업이다. 하지만 이 또한 '나라는 존재'의 비밀 문을 열어가는 일이다. 아무도 모르는 비밀의 문을 열었을 때, 거기엔 두려움만 있진 않을 것이다. 그러니 용기를 내어 시도해보자.

✓ 지금 이 순간 내 몸과 마음의 부정적 감각이나 생각, 감정 적어보기
✓ 나를 화나게, 슬프게, 우울하게, 불쾌하게, 질투 나게 했던 말 적어보기
✓ 요즘 나를 우울하거나 슬프게 했던 말 적어보기
✓ 차마 직접 하지 못한 '특정 개인'을 겨냥한 부정적 표현 마음껏 드러내기

✓ 오늘 하루 차근차근 떠올리면서 내 안에 갇힌 부정적 감정 적어보기
✓ 최근 뉴스를 떠올리면서 함께 일어났던 부정적 감정 적어보기

'나를 기쁘게 하는 말'과 '나를 부정적 감정에 빠뜨리는 말'은 듣거나 말한 그대로 적어가는 게 좋다. 사투리면 사투리 그대로, 소리 나는 대로, 문자화하기 어려우면 어려운 대로 드러내본다. '사랑해!' '당신이 좋아!' '당신 옆에 앉을 거야!' '엄마, 안마해줄까?' 등. 이보다 더 유혹적이고 노골적인 대화는 없을 것이다. 소위 입말 그대로 표현되는 언어들은 싱싱한 오이를 아삭아삭 생으로 씹는 기분이 들게 한다.

지금 읽고 있는 글이나 교과서에서 즐겨 쓰는 언어는 대체로 규격품 포장 용지로 장식돼 있다. 그런 장식용 표현은 당신의 내면에서 활약하는 언어의 맛과 향기, 신선도를 따라잡을 수 없다. 소설 쓰기를 열심히 하던 시절, 나는 교과서용 언어들을 냉소적으로 노려보면서 내뱉곤 했다. "밥맛이야!" 그 당시나 지금이나 나는 교과서용 단어들을 좋아하지 않는다. 거기에는 '맛있는 입말'이 별로 없기 때문이다.

당신의 내면에는 아직도 짝다리를 덜렁대며 침을 찍찍 뱉어대던 그 친구가 존재한다. 이성 친구를 사귀려고 밤새워 편지를 쓰던 친구도 있고, 땡땡이치고 영화관으로 직행하던 친구, 학교 뒷담 골목길에서 한판 뜨던 친구, 부모님 지갑을 뒤져서 용돈을 챙긴 친

구, 집안에 일이 생겼다고 거짓말하고 조퇴를 획책하던 친구 따위가 즐비하다. 그때 즐겨 사용했던 언어를 원음 그대로 일으켜보면서 무엇이 내면에서 일어나는지도 지켜보자.

나만의 인연 사전 만들기

'나만의 인연 사전 만들기'는 저자 겸 편집자가 '자신'이다. 나를 중심으로 한 인연에 대해 '모든 감각을 동원하여 정의 내리는 일'이다. 그는 나에게 무엇인가? 그는 나의 신경망에 어떤 사람으로 잠재되어 있을까? 그 사람에 대한 나의 잠재의식과 접속을 시도하는 일이다.

사전치고는 지극히 개인적이다. 글로 적은 후 당장 없애도 무방한, 유효기간이 짧은 사전일 수도 있다. 그런 의미에서 부담 없이, 솔직하게, 써지는 대로 자유롭게 편찬하는 나만의 사전이다. 《관점을 디자인하라》의 저자 박용후는 "세상 모든 일에 대해 자신만의 정의를 가져야 한다"라고 조언한다. 나 아니면 발견할 수 없는 그에 대한 '관점과 정의'를 드러냄으로써 자기 내면에 깊이 숨어 있던 그를 발굴하는 작업이다.

나만의 인연 사전을 만들어가다 보면 무슨 일이 벌어질까? 가령 나의 아내나 남편의 이름을 백지에 적어놓고 *끄적거린다*고 하자. 이 사람의 인상을 한마디로 표현하면 무얼까? 사랑스러운 강아지? 흠, 그렇군. 이 사람의 감촉을 한 단어로 압축한다면? 만질만질한 유리창에 뺨을 댄 느낌? 이 사람의 냄새를 딱 잘라 말한다면? 봄 햇살에 건조된 마른 수건 내음? 내가 알고 있는 이 사람의 삶을 한 줄로 압축한다면? 흠, 흔적 없이 태어나서 은밀하게 살다가 미련 없이 하루하루를 태우는 듯한 사람? 이 사람의 색깔을 한 단어로 표현한다면 무얼까? 이 사람이 나를 가장 기쁘게 한 말을 한마디만 적는다면? 내가 알고 있는 이 사람의 삶의 스토리를 세 줄로 요약한다면? 이렇게 적어가 보자는 것이다.

✓ 나의 배우자, 자녀, 형제, 부모 등 애착 관계에 있는 사람의 이름을 적은 후, 그의 인상착의나 최근에 나눈 대화, 기억나는 일, 그의 언어 습관, 태도 습관, 특이한 버릇, 발걸음 따위 등 적어보기
✓ 친구 혹은 그 누군가의 이름을 적은 후, 그를 색깔, 모양, 소리, 맛, 냄새 감촉 따위로 표현해보기
✓ 친구 혹은 그 누군가의 이름을 적은 후, 내가 알고 있는 그에 관한 모든 정보, 가령 키, 몸무게, 인연이 된 시점 등을 비롯해, 그동안 함께 겪은 일에 대한 내 생각, 평소 하고 싶었던 말이나 감정 표현, 바람, 애써 삼갔던 조언, 충고 따위를 마음껏 드러내보기

나에게는 죽마고우가 몇 명 있다. 이들과 함께한 날들을 가만히 되돌아보니, 벌써 20여 년이 지났다. 그동안 우정을 나누며 같이하는 동안 관계가 비틀리거나 왜곡되는 날도 있었다. 소소한 돈 문제나 가족 모임 중 던진 농담이 예기치 않게 내밀한 상처를 건들어서 서먹한 상태가 되기도 했다. 어떤 친구가 사업에 실패했을 때 그것을 대하는 친구들의 반응이 각자 다르다 보니 서로 눈치를 보는 경우도 발생했다. 이런 문제가 생겼을 때, 어떤 친구는 각자 가정을 꾸리며 살다 보니 서로 상황이 달라져서 일어나는 불가피한 문제라고 말하기도 했다. 우리는 이러구러 섞여서 지내왔다. 그렇게 살아오는 동안 우리는 몇 달간 서로 통화 한 번 없이 각자의 일에 파묻혀 살기도 했고, 어느 시절에는 한두 달에 한 번씩 가족 모임을 갖기도 했다.

　다음 생에 다시 만나도 변할 것 같지 않은 죽마고우도 세월과 여건에 따라 끊기기도 하고 이어지기도 하고 서먹해지기도 한다. 함께 조바심 낼 때도 있었고, 때로는 그냥 강 건너 불구경하듯 맥 놓고 쳐다볼 때도 있었다.

이런 일은 친밀한 사이에서만 일어나는 게 아니다. 일터에서도 일어났고, 일회성 여행지에서도 발생했다. 가족이건, 친구건, 여행지에서건 한 가지 공통점이 있었다. 사람 사이에는 늘 크고 작은 마음의 파도가 일고 있다는 점이다. 대개 오래 묵은 사이일수록 높고 깊고 거칠어서 그 아픔이 극심했다. 오래 묵은 사이일수록 '아,

모르겠어!' 하는 탄식 또한 깊었다. 그동안 내가 알고 있었던 그 사람은 어디 가고 딴 사람이 있어? 나만의 인연 사전을 만드는 일은, 그런 점에서 특별하다. 당신이 경험하는 인연의 본질을 직면하게 해주기 때문이다.

인연 사전을 편찬하는 데 다양한 직유나 은유는 마른 밥상의 게장이나 참기름 같은 역할을 한다. 내가 알고 있는 동물, 식물, 음식, 자연 등을 그에게 들씌워보면 내 안에 숨어 있던 그의 향기와 맛 따위가 생생하게 살아나곤 한다. '아, 내가 이런 인상을 갖고 있었구나' 하며 신기해하기도 한다. 그에 대한 나의 무의식이 온갖 비유를 통해 드러나면, 내가 왜 그에게 습관적으로 짜증을 부렸는지, 괜히 시선을 마주하려고 노력했는지 깨닫기도 한다.

> '한양호'
> 13세 무렵 그가 흘렸던 눈물이 잊혀지 않는다. 울 때나 웃을 때, 드러나는 긴 뻐드렁니. 기묘한 부조화. 그를 떠올리면 튀김 냄새와 튀김 색 또는 눈물처럼 투명한 색이 떠오른다. 왜 그런지 잘 모르겠다. 첫말이 경음으로 터지는 경상도 사투리 억양도 인상 깊다. 이 친구를 맛으로 표현한다면 맵고 짜면서 달다는 느낌(무교동 낙지비빔밥 같은)이다. 이 친구를 소리로 표현한다면, 절의 목어木魚 두들기는 소리 같다. 고1 시절 만홧가게로 나를 데리고 가서, 내 앞에서 담배를 피움으로써 내 자존심을 긁어댄 친구.

이렇게 적어보자. 분명해지는 게 있을 것이다. '그는 내 생각이나 기억으로 재구성된 존재일 뿐이구나.' 그의 실체를 지금 이 순간에 만나거나 만지고 있는 것도 아니다. 코를 큼큼대며 냄새를 맡고 있는 것도 아니다. 하지만 당신은 지금 이 순간 그를 보기라도 한 듯 그 일이 지금 일어난 것처럼 느끼며 적게 된다. **당신은 스스로에게 갇혀 있던 그의 이미지, 기억, 대화들을 드러내면서 실제로는 자기 내면을 마주하게 된다.** 그에 대한 자기 마음의 스펙트럼을 카드 펼치듯 들여다본 셈이다. 당신은 스스로에게 들켰다.

그의 이름을 적고, 그에 대한 나의 이미지를 일으켜 세우고, 그와의 대화를 적는 동안 무슨 일이 일어났던 걸까? 이제야 그를 더 속속들이 알게 됐거나 더 깊이 이해하는 순간을 맞이하기도 한다. 무엇보다도 그와의 관계가 더 깊고 튼튼하게 교직되는 느낌이 들 것이다. 아니다. 실은, 세월 따라 더 많이 만날수록 알 수 없는 게 더 많아졌음을 실감하는 시간이 되지 않을까? 마치 내가 스스로를 주시할수록 알 수 없는 게 더 많아지고 확장됐듯이 말이다. 그와의 빈 공간이 보인다. 이것은 어떤 신호일까? 그와 내가 채울 수 있는 공간이 꽤 널널하다는 신호가 아닐까?

내 안의 욕구
드러내기

나는 이 방식을 '싶다, 글쓰기'라고 칭한다. 어떤 경우든 한 문장의 종결어미를 '싶다'로 쓰기 때문이다. 이 작업을 할 때는 내 안에서 뭔가 툭툭 끊기는 소리가 생생하게 들릴 때까지 펜을 놓지 않는다. 길든 짧든 끊임없이 '싶다, 싶다, 싶다, 싶다'를 연발한다. 이 글쓰기를 통해 나는 온갖 관념, 윤리, 도덕, 법률, 율법, 인간관계의 포승줄에 묶여 있었던 마음의 조건을 시원하게 내던진다. '내 안의 모든 '싶다'여, 해방이다!' 그동안 얼마나 힘들고 고통스러웠더냐. 내면의 철창에 갇혀 있던 '싶다'들을 향해 선동의 주먹을 흔들어댄다. '싶다' 앞에서는 모든 억압, 외면, 회피 따위들이 무력해진다. 살아오면서 차마 입에 담지 못했던 욕망의 언어들이 떨치고 일어선다. 어디에? 당신의 백지 위에!

불교에서 득도의 순간은 모든 욕망이 그침으로써 이루어진다. 한마디로 모든 '싶다'의 소멸이다. 먹고 자고 누고자 하는 본질적 욕구조차 끊긴 경지. 모든 생각이나 감각이 끊긴 자리. 그러다 보니 득도의 경지에 이르면 삶의 의욕조차도 거추장스러운 마음작용이 되어, 사람 속에 섞여 살기 어려워진다고들 한다. 사람의 마을을 떠나 숲으로 갈 수밖에 없다.

욕망이 그친다는 것은, 모든 '싶다'의 소멸을 의미한다. '싶다의 역동'은 그동안 숨기고 눌러왔던 언어의 빗장이 벗겨지는 사건이다. 우리가 선한 마음을 드러낼 때 쓰는 '희망'이라는 표현도 알고 보면 '싶다'에 해당한다. '소망'도 젓가락 끝으로 김치를 집는 악력握力 정도로 유연한 '싶다'다. '의욕'은 불고기를 씹는 어금니 같은 '싶다'로 볼 수 있다. 욕구는 어떤가? 무게 중심이 분명하고 묵직한 '싶다'다. 욕망은 또 어떤가? 어린애 울음처럼 대책 없이 노골적인 '싶다'다. 그러면 탐욕은? 이것은 신경성 장애에 가까운 '싶다'를 표현한 말이다.

보다시피 희망, 소망, 의욕, 욕구, 욕망, 탐욕은 각기 다른 표현의 '싶다'다. 전깃줄에 나란히 늘어선 참새들처럼 상황과 조건에 따른 심리적 위치만 다를 뿐이다. 어느 순간에 소망이 탐욕으로 바뀔지 알 수 없다. 본인은 눈물겨운 '소망'인데, 타인이 보기엔 뭐라 말해주기 안타까운 '탐욕'이기도 하다. 우리는 이 자리에서 직접 확인할 수 있다. '싶다'를 당신의 내면에 억눌러 놓을 때와 백지 위에 노출했을 때, 그것이 어떻게 생화학적 변화를 일으키는지 느낄 수 있다.

✓ '싶다'를 활용하여 지금 원하는 것 자유롭게 갈겨쓰기

✓ 이루지 못했던 일, 이루고 싶은 일, 만나고 싶은 사람 등에 대해 '싶다'
로 끝맺는 글쓰기

✓ 어떤 한 사람 혹은 한 사안을 마주하고서 '싶다'로 마치는 글쓰기

✓ 자신의 과거 기억 중에서 미완성, 미해결 과제 등을 '싶다'로 완결하는
글쓰기

✓ 5분 후부터 10분, 15분··· 시간을 확장하면서 '싶다'로 마치는 글쓰기

불교학자 정준영은 논문 〈욕망의 다양한 의미〉에서 "초기 불교는
욕망에 대해 부정하지 않는다"라고 말한다. 삶을 위한 노동, 일에
대한 애착, 수행에 대한 열정 등의 '싶다'는 자타를 돕는 원동력이
다. 당신의 내면에는 이와 같은 긍정적 '싶다'와 부정적 '싶다'가
혼재돼 있다. 분명한 것은 내 안의 '싶다'를 드러내는 작업은 대체
로 즐거움을 수반한다는 사실이다. 왜 즐거울까? 그 이유는 '싶다'
의 반대쪽 언어를 살펴보면 알 수 있다.

'싫어, 안 해, 못 해, 안 가.'

'싶다' 글쓰기를 하는 동안 가만히 자기 관찰해보라. 마음의 결이
자연스럽다. 우리 삶 전체가 '싶다'라는 욕망 속에 놓여 있기 때문
이다. '싶다'를 지속해서 발설하는 것은 마음의 결을 능동적으로
드러내는 일이다. 그것이 설사 타인에게 감추고 싶은 '싶다'라고
할지라도 자신에게 열고 열리는 경험을 하는 이득이 있다. 남들에

게는 시시하지만, 자신에게는 깊고 아득하게 숨어 있던 욕구가 드러나면서 스스로 놀라기도 한다. '싶다'를 거듭하면, 생각지도 못한 무의식의 소식을 받아들기도 한다. 지면에 차마 노출할 수 없는 부도덕, 비윤리, 반사회적 역동도 있고, 남 보기에 쑥스러운 감사의 마음도 있다.

'싶다' 글쓰기를 하다 보면, 자신의 욕망이 난해하거나 일상에서 아주 먼 것이 아님을 알게 된다. **'싶다'를 기반으로 한 욕망은 반드시 달성해야 할 성취 품목이라기보다는 드러냄으로써 해소되는 인정욕구에 가깝기 때문이다.** 적어놓고 보면, '에게, 겨우 이거였어?' 하며 피식 웃음이 날 만한 사연도 흔하다. 그런데도 뭔가 강렬한 해소감으로 심신이 후련해지기도 한다. 사람은 자신도 모를 심리적 철창을 만들어놓고, 열쇠를 어디에 둔지도 모르는 어리석은 문지기인지도 모른다.

- 집에 가고 싶어.
- 된장국에 보리밥을 말아먹고 싶어.
- 꿈도 꾸지 않고 푹 자고 싶어.
- 해외 여행 가고 싶어.
- 어떡하든 쉬고 싶어.
- 실컷 욕하고 싶어.
- 불고기에 소주 한잔하고 싶어.
- 길동아, 보고 싶어.
- 그 사람 품에 안겨서 쉬고 싶어.

3 ● 글쓰기명상의 실제

- 기차 타고 창가에 멍하니 앉아서 긴 여행을 떠나고 싶어.
- 치킨을 뜯으면서 게임이나 실컷 하고 싶어.
- 누군가에게 편지를 받고 싶어.
- 내 이야기를 재미있게 들어줄 사람 만나고 싶어.
- 늦잠을 자고 싶어.
- 엄마, 게임 좀 더 하고 싶어.
- 그만 일하고 싶어.

'싶다'는, 천 쪼가리로 비유하면 펄럭이는 깃발이다. 우리말 문법에서 보조형용사인 '싶다' 앞에는 '하고' '되고' '웃고' 따위의 활발한 움직임을 나타내는 단어가 놓인다. '높이 뛰고 싶다' 할 때 '높이 뛰고'는 '싶다'가 뒤에서 받쳐줌으로써 그 비상飛上 이미지를 완성한다. 그만큼 '싶다'는 강한 에너지를 품고 있는 단어다. '과거, 현재, 미래'라는 삶의 세 가지 시점에서 보더라도 '싶다'만큼은 '과거'가 완전히 제거된 상태다. 그런 점에서 '내 안의 욕구 드러내기'는 드러내면 드러낼수록 자기 내면의 에너지와 활기를 생성하는 글쓰기이기도 하다.

내 안의 거부
드러내기

'싫다'라는 말조차 꺼내기 어려웠던 시절이 있다. 동네 친구들과 술래잡기에 열중해 있을 때, "밥 먹어!"라고 부르는 소리에 대놓고 '싫다'고 할 수 없었다. 학교 가야 한다는 말에 오만상을 찌푸리면서도 허깨비처럼 기신기신 일어나야 했다. "학원 가라"는 말에 '싫다'고 하지 못했고, "일 좀 똑바로 하라"는 말에 '싫다'고 하지 못했다. 엄격한 위계 속 듣기 싫은 말 앞에서 '싫다'고 하지 못했다. '언젠가는 내 멋대로 살리라. 그런 날이 오리라' 하면서 살다 보니, 한 번이라도 "싫어!"라고 속 시원히 내질렀던 적이 없다.

그러는 동안 내면의 '싫다'는 세월 따라, 상황 따라 '맞습니다' 또는 '괜찮습니다'로 변질된 듯하다. 가족의 행복, 조직의 안녕, 규범의 논리 앞에서 거절과 저항의 언어는 일찌감치 기절했거나 누렇게 곪은 염증처럼 물리화학적 변이를 일으켜서 내면 어딘가에

썩어 문드러져 있는지도 모른다. 심지어 당신은 "싫어!"라고 꽥 소리를 지르는 그 시절의 강렬하고 싱싱했던 감정조차 기억하지 못할 수 있다. 어른이 되어 이른바 '꼰대' 세대가 됐을 때, 나도 모르게 튀어나오는 분노 감정은 지난 세월 꾹꾹 억눌렀던 '싫어!'들이 투영된 것일 수 있다.

의식의 어느 구석에 흉터나 사마귀처럼 박혀 있을 충동적 거부의 언어, '싫어!' 모르긴 해도 생애 아득한 시절, 엄마 젖을 빨면서 당신은 마음껏 '싫다'고 할 수 있었다. 그 시절의 옹알이 중 상당 부분은 '싫어'였을 것이다. 배가 조금만 부르면 고개를 내저었고, 잠자기는 싫은데 잠이 쏟아지거나 주변이 시끄러우면 오만상을 찌푸리면서 울어댔다. 공기나 습도가 조금만 불편해도 젖먹이였던 당신은 단호히 '싫다'는 신호를 보냈다. 그런 때가 있었다. 내 생애 그 많던 '싫어'는 어디로 갔을까? 세상살이에 적응하고 순응하면서 자신을 둘러싼 조건과의 타협이 시작되는 순간부터 당신의 원시 언어, 근본 감정은 고난의 길을 걸었던 걸까?

붓다는 삶 자체가 '불만족'이라고 했다. 인간의 삶 자체가 '싫어'인 것이다. 사람의 치유 작업은 그 '싫어'의 실체를 보고 확인하는 게 전부일 수도 있다. 아남 툽텐 린포체는 저서《모든 순간 껴안기》에서 참된 행복은 "불확실한 것을 사랑하기, 안전하지 못함과 사랑에 빠지는 것"이라고 말한다. 한마디로 내면의 '싫어'를 알아보고 보듬어주라는 말씀이다. 당신의 행복을 가로막는 장애물이 사실은 싫은 감정을 스스로 드러내지 못하거나 주저하기 때문에 일어나는 일이므로.

내 삶의 주도자로서 나의 '싫어!'는 불확실성과 불안정성, 불가측성이라는 내적 그림자 속에 중추신경처럼 자리 잡은 중심 감정이다. 모든 선택지는 결국 '싫어' 아니면 '좋아'로 압축되는데, 두 가지 선택지 중에 훨씬 강력했던 에너지는 '싫어'였다. 수백만 년 이어져 내려온 '싫어' 유전자 덕분에 인류는 살아남았다. 그런데 이 강력한 유전자가 언제부터 그렇게 몰락했을까? 정글의 맹수들이 아니라 나의 동료 혹은 사람들 속에서 '먹고살기 위해' 부대끼는 동안 설 자리를 잃었을 터다. '싫어? 그럼 사라져!' 당신의 생애 등뼈 같았던 '싫어'는 냉혹한 인간사 속에서 얼어붙고 밀리고 밟혔다.

우리는 자라는 동안 형제와의 관계에서, 학교 성적 문제에서, 친구와의 경쟁 관계 속에서, 직장의 냉정한 상하 관계 속에서 자기 내면의 '싫어'들은 보급선이 끊긴 반란군처럼 후퇴를 거듭했다. 체념과 자기 조롱, 바닥난 자존감의 반대편에서 사력을 다해 버텼지만, 그것이 꿈이었음을 뒤늦게 알게 된다. 당신의 '싫어'는 이제 겨우 정신과 육신의 내밀한 곳에 아지트를 만들어 어떡하든 목숨을 부지하고 있지 않을까? 어쩌다 한 번씩 당신의 핏줄이나 근육을 타고 나와 아지트 바깥세상 구경이라도 할라치면, 당신이라는 주인은 오만상을 찌푸리며 자지러진다. 본인 일이 아닌 친구들은 미소 지으며 말한다. "그거, 스트레스 질환이야! 약국이나 병원에 가서 약 타 먹으면 돼. 너무 방치하지 마. 고혈압, 당뇨, 류머티즘 같은 것도 다 원인은 비슷해."

화해가 필요하다. 투항을 요구하지 말자. 내 정신과 육신의 컴컴한 지하 벙커에 숨어 있는 '싫어'들이 안심하고 걸어 나오게 하자. 전쟁 종말의 소식도 듣지 못한 채 밀림에서 여전히 천황 만세를 불러댔던 일본군 패잔병은 누구의 그림자겠는가. 인류 잔혹사의 그림자가 그렇듯, 당신의 그림자 또한 다르지 않다. 내면의 '싫어'에 대해 당신은 어떤 입장이어야 할까? 투항을 요구하는 점령군이어야 할까?

분명한 것은, **영혼 없는 '좋아'가 해답이 아니라는 사실이다.** 긍정 심리학에서는 '영혼 없는 좋아'의 위험성을 지적한다. 속마음과 겉 표현이 다른 '좋아'는 자존에 대한 불신이자 부정이다. 마음의 살 갗을 쓰라리게 하는 잔인한 사포질이다.

내면의 깊은 지하 벙커에 웅크리고 있는 '싫어'를 어떻게 해야 할까? 일단 쭈그린 자리에서 일어나게 해야 한다. '싫어'의 실체 없음, 그것의 가벼움, 그것의 별 볼 일 없음을 스스로 드러내어 직접 확인하게끔 해야 한다.

✓ 당신의 다양한 감정 격변을 억눌렀던 그 누군가에게 '싫다'로 마치는

감정 쏟아내기

✓ 우울하거나 불안할 때, '싫어'로 마치는 말 빠른 속도로 써보기

✓ 거부하고 싶은 것을 거부하지 못했던 때를 찾아서, 그 당시 하고 싶었던 거절과 불만의 언어 또박또박 드러내기

✓ 지금도 차마 말하지 못하고 있는 내 주변 인물에게 '싫어'로 마치는 글 써보기

세상에는 의외로 '싫다'를 허용하지 않는 동네가 많다. 상하 관계가 명확한 직장일수록 조직 전체가 '싫다' 표현의 불모지대다. 요즘은 차라리 군대조직에서 '싫다'가 청년기 수염처럼 잘 자라고 있기도 하다. 어쩐지 '싫다' 표현의 허용 지수가 높은 곳이 좋은 직장일 것 같다. 내가 안내해온 가정폭력피해쉼터 집단원 대부분은 가정 내에서 가장 격렬히 저항했던 조건으로 '싫다'가 허용되지 않은 관계를 꼽는다. '당신 그러는 거, 싫어!' '나, 그런 거 안 할 거야!' '나한테 그러지 마!' 그런 말을 쉽게 할 수 없었던 가정.

　폭력은 인간의 근원적 감정표현이 불편해지는 조건을 먹고 자란다. '싫어' 글쓰기는 그 근원적 감성의 포박을 풀어헤치는 작업이다. 왜 풀어헤쳐야 하는가? 당신의 내면이 그런 포승줄에 꽁꽁 묶여 있을지 알 수 없으니까. 대한민국의 성인 대다수가 싫음에 대해 '싫어!'라고 표현하지 못하고 성장했으니까. 알게 모르게 당신도 그 '싫어'를 허용하지 못하는, 상처의 세습자 역할을 하고 있을지 모르니까. 당신 안에 곪아 있는 '싫어'를 손수 부려놓고 살펴보라.

- 밥 먹기 싫어.

- 공부하기 싫어.

- 학원에 가기 싫어.

- 아침에 세수하기 싫어.

- 욕 듣기 싫어.

- 날 깔보는 말 듣기 싫어.

- 시험 보기 싫어.

- 나한테 그런 표정 짓지 마. 싫어!

- 당신 같은 사람, 죽어도 보기 싫어.

- 싫어. 무조건 개 싫어!

- 나는 내가 싫어. 사라졌으면 좋겠어!

- 엄마 싫어. 내 인생 갖고 왜, 당신 멋대로야!

내 안의 명령어 색출하기

내가 만약 한 마리 연어라면, 인생은 의무감으로 가득 찬 폭포와 같다. 알 수 없는 원리로 생명이 주어졌지만, 어느 순간부터 삶은 나에게 끊임없이 명령하고 있었다. 나는 특수 임무를 부여받은 첩보원처럼 우주의 원리에 따르고, 부모의 지시에 따르고, 인연의 요구에 끌려다닌다.

'해야 한다'는 의무감은 자신도 모르게 나의 유전자와 신경 세포를 점령했다. 의무감이라는 폭포. 이것은 내가 이번 생을 살게 한 천부적 동기이자 상속받은 강제력이 아닐까? 우리는 미처 그 의무감을 까맣게 잊고 살기도 한다. 물속의 고기가 물을 잊고 살듯이.

'이러저러한 것을 해야 한다'는 내 안의 명령어들은 당신의 일상과 거의 분리되지 않는다. 아침에 해가 뜨면 잠에서 깨어나는 일, 밤이 깊어지면 잠을 자는 일, 배가 고프면 밥을 먹는 일, 사람을 만나는 일, 심지어 죽지 못해 사는 일조차도 순수하게 내가 주도할 수 있는 사안이 아닌 듯하다. 어쩌면 세상에 낱개 생명으로 등장하기 전부터 주어진 천부적 명령일 것이다.

유년기, 청소년기, 청년기, 성년기로 접어들면서 당신은 천부적 명령어에 익숙해진다. 하고 싶지 않은 일도 어쩐지 해야만 할 것 같아서 한다. 왜 그럴까? 유심히 따져보면, '남들도 다 한다'는 게 유일한 근거다. 백화점의 모든 옷이 몸에 착 달라붙게 작아지거나 허수아비 옷처럼 턱없이 헐렁해지는 것도 거역하기 힘든 묵시적 명령이다. 당신은 꽤 주도적으로 상품을 선택하긴 했지만, 유행이라는 거대한 명령 속의 한 선택일 뿐이다.

당신에게 '해야 한다'는 일상에서 알게 모르게 부여된다. '일해야 한다' '돈을 벌어야 한다' '법규를 지켜야 한다' '음주운전을 하지 않아야 한다' '싸우지 않아야 한다' 등. 어디 이뿐이던가. 서서히 인생이 익어가면서 자신도 모르게 수많은 명령어를 학습하고 재생하는 자기 복제형 명령권자가 된다. '공부를 잘해야 해' '자식을 잘 키워야 해' '승진해야 해' '친구 관계를 잘 유지해야 해' '성과를 올려야 해' '건강관리에 신경 써야 해' '어른 노릇 제대로 해야 해' 등. 그 명령어는 언젠가 스스로를 겨눈다. 마치 정면의 적을 겨눈 저격수의 총신이 백팔십도 휘어져 자신의 뒤통수를 겨누는 것처럼.

군인이었던 그는 45년 전 월남 전쟁터에 있었다. 명령이 곧 생사와 직결되는 전쟁터. 그곳에서 그는 아침부터 저녁까지, 어쩌면 잠결에서도 '해야 한다' 속에서 허우적거렸다. 아군은 명령으로 죽이고, 적군은 총알로 죽였다. 그로부터 45년이 지난 세월, 그는 노인이 되어 옛 전적지를 찾게 된다. 15일간 배를 타고 갔던 그 나라를 4시간 비행으로 도착했다. 버스를 타고 전적지를 다니던 그는 일행에게 자꾸만 화를 냈다. 계속 술을 마셨고, 술에 취하면 소리를 질러댔으며, 양손을 휘휘 내저었다. "이 새끼들아, 차를 여기서 돌려야 한단 말이야!" "바짝 엎드려, 코가 깨지게 엎드리라고!" "커브길 안 보여? 거기선 바짝 기어야 한단 말이야!" 그는 일행들에게 거듭 소리를 질러대며 명령했다.

"전쟁 같은 삶"이라는 노래 가사가 있다. 자율이나 자유, 평등, 균형, 평화와 같은 정서 라인이 파괴된 전쟁터는 당위나 명령어가 총알처럼 난무한다. 당신의 삶은 어떤가? 그 삶 또한 혹시 전쟁 같은 느낌이라면, 당신은 알게 모르게 '해야 한다'의 그물망에 걸려 있는 물고기 신세가 아닌지 살펴봐야 한다. 순응을 요구하는 국가, 지위가 명령하는 회사, 뭔가를 '해야 한다'고 강요하는 사회, 돈을 벌어야만 작동하는 가정.

은연중에 축적된 '명령어' 또한 당연히 치유 대상이다. 자기 내면에 있는 '해야 한다'는 자신도 모르게 상대를 공격하기 일쑤다. 이쪽 종교의 '해야 한다'는 저쪽 종교의 무지를 비판하는 근거다. 아버지의 내면에 등뼈처럼 박혀 있는 '해야 한다'는 자식의 삶을 유린하는 근거로 작용한다. 이처럼 당신 내면의 '해야 한다'는, 스파이처럼 은밀하다가 조건을 만나면 맹수의 발톱처럼 가차 없이 상대를 할퀴곤 한다. 나도 모를 깊은 곳에서 시계 초침처럼 재깍거리는 내면의 시한폭탄. 크고 작은 폭탄의 뇌관처럼 내 의식 곳곳에 설치된 스트레스성 질환이나 감정조절 장애가 더 노골화되기 전에, 글로써 진단해볼 일이다.

✓ 나의 가족, 친지들을 둘러싼 관습적 명령어 들은 대로 적어보기
✓ 내가 자라온 사회생활 가운데 명령어에 관한 속담이나 격언, 표어 적어보기
✓ 나에게 '~해야 해'라고 했던 사람의 이름 혹은 인상착의와 그 내용 적어보기
✓ 하나하나 떠올리며 내 기억 속 명령어 적어보기
✓ '이것만은 해야 해'라고 당연시하는 나만의 의무감 적어보기

'해야 한다'에는 '요구하는 사람'과 '요구받는 입장'이 서로 '은밀하고 날카롭게' 대립하는 특징이 있다. 요구하는 입장에서는 상대가 당연히 공감하고 수용할 만한 일이다. 원, 세상에 이만한 일도 못 해준단 말이야! 하지만 요구받는 입장은? 그냥 술에 술탄 듯 평화롭게 받아들일 수 있으면 좋으련만. 마음이 어수선해지고 어딘지 모르게 께름칙하다. 이렇게 일방적으로 들씌워지는 일이라면,

하고 싶다가도 하기가 싫어진다. 이러는 내 심보가 도대체 뭔가 싶기도 하다. 하지만 싫은 건 싫은 거다. 이러다 보니 뭔지 모르게 불편해지거나 피차 심정적 결렬에 빠진다. 그동안 쌓아온 신뢰 관계가 뿌리째 흔들리기도 한다.

붓다는 자신과 타인에 대해 '있는 그대로 바라보라'고 했다. 인정하고 수용하는 것에 기반을 둔 자애慈愛 앞에서, '이렇게 해야 한다, 저렇게 해야 한다'와 같은 의무적 강제는 사랑도 아니고 평화도 아니다. 하지만 '요구하는 사람'은 이것을 지고지순한 사랑이라고 확신하기도 한다. 이 사태는 대체로 애착관계 속에서 더 적나라하게 나타난다. 자녀와의 분리가 건강하게 형성되지 않았을 때 부모와 자식의 심중에서 흔히 일어나는 현상이다.

우리나라 근세사 중 의무적 규범이 무성했던 시기를 우리는 평화나 자율의 시기로 기억하지 않는다. 그럼에도 여전히 우리의 내면에는 너무도 많은 '해야 한다'가 총구처럼 스스로를 겨누고 있는 건 아닐까? 살면서 본의 아니게 체득한 '해야 한다'를 햇빛 아래 드러내어 소독하는 일은 그래서 필요하다. 알게 모르게 자기 내면에 켜켜이 쌓여 마음의 핏줄을 타고 돌고 있는 독성을 씻어내는 일이기 때문이다.

- 남자라면 힘이 세야지.
- 영업하려면 술은 기본으로 잘 마셔야 해.
- 어른이 되면 결혼해야 해.
- 네가 장손인데, 장손 노릇 제대로 해야지.
- 집에서 살림을 잘해야 여자지.
- 학생은 공부만 해야 하는 거야.
- 아프면 잘 먹어야 해.
- 살 빼려면 운동해야 해.
- 공은 이렇게 던져야 해.
- 어른이라면 그 정도는 해야지.
- 계획을 세웠으면 계획대로 해야지.
- 일을 시작했으면 끝장을 봐야 해.
- 어린애는 10시에 자야 해.

내 몸과
대화하기

절벽 끝에서 까마득한 지상을 내려다본 적이 있다. 한 걸음만 내디디면 허공이었다. 뛰어내리고픈 충동과 물러서라는 내면의 외침이 날카롭게 부딪혔다. '뛰어내려! 괜찮아.' '안 돼! 거기 서!' 가까스로 안전지대로 물러섰을 때 이번에는 다른 문제가 발생했다. 사타구니가 찢기는 듯한 통증이 일었다. 하체가 걷잡을 수 없이 후들거렸다. 무릎에 손을 짚고 숨을 몰아쉬었다. 그때, 그 기억이 떠올랐다.

여섯 살이던 어느 여름날, 한 도시공원에 혼자 놀러 간 적이 있다. 후박나무 잎사귀가 무성했고, 할아버지들이 장기 두는 곳을 지나면 무성한 나무숲 아래 돌탑 하나가 킹콩처럼 서 있었다. 그 탑 전면에는 벽체만 한 청동판이 있었는데, 태극기와 총칼을 세운 군인들이 그 속에서 굳은 표정으로 광채를 뿜어내고 있었다. 나는 그 쇳덩어리 그림을 손으로 만져보고 싶었다. 그러려면 내 키보다 높고

칼처럼 뾰족한 철망을 넘어가야 했다. 한참을 버둥거린 끝에 나는 그 담장 철망에서 가까스로 몸을 일으킬 수 있었다. 안쪽으로 몸을 날리면 드디어 거대한 청동 군인들을 만져볼 수 있게 될 터였다. 나는 뾰족 담장 안쪽으로 펄쩍 뛰었다. 그 순간 뭔가가 내 발목 부위를 잡아챘다. 나는 바지 끝자락이 철망에 걸려 있던 것을 몰랐다. 담장의 뾰족한 철망에 거꾸로 매달린 꼬맹이의 울부짖음을 듣고 근처에서 장기를 두던 노인들이 달려왔다. 철망은 내 사타구니 살을 깊게 파고들었다. 살은 길게 찢겼다. 나는 울면서 어기적어기적 집으로 향했다. 바지는 철망에 찢긴 상처에서 나온 피로 붉게 물들었다. 내 몸에 길게 나 있는 지네 같은 흉터는 그렇게 만들어졌다.

베셀 반 데어 콜크는 저서 《몸은 기억한다》에서 "심한 외상을 입은 경우는 아주 오랜 시간이 지나도 유사 위험을 암시하는 실낱같은 단서만 주어지면 다시 활성화되고, 뇌는 스트레스 호르몬을 분비시킨다"라고 설명한다. 그날 절벽 끝에서 기억회로를 치고 올라온 나의 유년기 기억은 그런 원리였을까? 몸은 뇌와 연관되어 이런저런 기억이나 생각을 받아 연결하는 것일까?

아니다. 데셀 반 데어 콜크의 설명이 잘못됐다는 것은 아니지만, 이 모듈을 통해서 직접 확인해볼 수 있는 게 있다. 내 몸 어느 한 부위에 직접 묻고 답하다 보면 금세 알 수 있는 사실이 있음을. 우리의 세포 하나하나는 사실상 두뇌 그 자체임을 당장 확인할 수 있다. 지금 바로 몸의 한 부위에 대고 질문을 던져보라. 이왕이면 통증이 있거나 불편한 부위를 지목하라. 마음속으로 하는 작업은 흐트러지기 쉬우므로 백지라도 준비해서 시나리오 쓰듯이 적어가는 게 좋다. 당신의 몸은 이미 마음을 속속들이 알고 있음을 체험하게 된다.

✓ 통증이 일거나 관심이 가는 몸 부위에 마음의 초점을 맞추고 그것과 대화하는 글 쓰기

✓ 간, 심장, 위장 등 몸속 기관 중 어느 하나에 마음의 초점을 맞추고, 그것과의 대화 끝없이 적어가기

✓ 마음이 **빠져나가** 시신이 된 내 몸과 대화하기 ('너는 이렇게 될 때까지 뭐 하고 살았지?'로 시작하는 질문 주고받기)

몸과의 대화는 동어반복이 허용된다. 대화라는 게 그렇지 않은가. 상대가 잘 알아듣지 못하거나 자신의 말을 강조하고 싶으면, 다그쳐 묻거나 반복도 한다. **내 몸을 상대로 질문할 때는 유순한 감정보다는 신경선을 팽팽하게 당겨서 쏘아붙여보라.** 이 글쓰기가 주는 이점은 일단 육탄전이 벌어질 일이 없다는 점이다. 아무리 감정이 거칠어져도 적정선에서 이성적인 대화로 돌아서게 된다. 어떤 상황에서든 대화를 그치지 않겠다는 마음만 함께할 수 있으면, 내 몸과의 대화는 이어진다. 그러면서 당신은 몸의 상처가 됐든 장기의 속내가 됐든, 그동안 어두컴컴한 동굴 속 같았던 내면 의식을 만날 수 있다.

나	야, 척추 4번과 5번! 너 자꾸 이렇게 무겁고 결리고 쑤시면서 태업할 거야?
척추	뭐? 너 지금 뭐라고 했어? 내가 아픈 게 지금 누구 탓인데 그따위 말을 하고 그래!
나	맨날 아프다고 하면서 제구실을 하지 못하니 하는 말이지.
척추	그게 왜 내 탓이냐고? 네가 나를 얼마나 험악하게 써먹었는지 기억 못 해?
나	뭐, 험악하게? 내가 누구처럼 공사판에서 벽돌이라도 지고 몇십 층을 오르내린 것도 아닌데 험악이라고? 고작해야 게임한다고 좀 오랫동안 앉아 있는 게 전부였다고!
척추	흠, 제 입으로 다 말하는군.

'내 몸과 대화하기'는 일단 쓰기 시작하면 바퀴 굴러가듯 술술 쓰게 된다. 하나의 마음이 두 가지 상태를 내려다보며 쓰는 즐거움이 곧 탄력을 받는 까닭이다. 마음이 질문을 하고 몸이 답하는 형식이지만, 그 몸이 또 자신의 마음을 털어놓는다.

당신은 질문을 하는 사람이면서 질문을 받는 몸이기도 하다. 질문을 하는 몸이면서 질문을 받는 사람이기도 하다. 이 게임은 당신의 내면을 향해 마차를 타고 짓치고 들어가는 듯한 경험을 선사해준다. 마이클 싱어는 저서 《상처받지 않는 영혼》에서 "몸은 자신의 만능 언어인 통증을 통해서 의사를 전달한다"라고 말한다. 당신이 만약 이 시나리오를 끝까지 적어보자는 마음을 먹기만 하면, 당신은 상상하지도 못한 자기 내면의 이야기를 만나게 될지도 모른다.

몸의 감각
알아차리기

'간지럽다, 차다, 단단하다' 따위의 수많은 몸 감각은 당신에게 일상적인 사건이다. 이 글을 읽는 이 순간에도 일어나는 일이다. 그래서 오히려 무심하게 지나치기 일쑤다. 얼마나 심각하게 무심하냐면, 껌을 질겅질겅 씹으면서 새로운 껌을 입에 넣다가 '아, 내가 이미 씹고 있지' 하는 정도다.

당신이 살아 있음을 알게 하는 매개체는 몸에서 일어났다가 사라지는 감각들이다. 살랑 바람이 불고 그 바람이 코끝을 스치면, 코끝에 바람의 감각이 생겼다가 사라지는 일. 누군가 당신의 이름을 불렀을 때, 그 목소리를 듣고 당신이 반응하는 일. 이런 소소한 사건들을 경험하면서 우리는 살아 있다고 느끼는데, 이 몸 감각에 대한 알아차림을 어느덧 대부분 잊고 살아간다.

당신의 코, 입, 피부가 어떤 냄새나 맛, 물건 따위와 접촉하는 순간 맨 먼저 반응하는 기관은 어디일까? 냄새가 코를 스치면 코가 반응하고, 먹거리가 혀를 스치면 혀가 반응하고, 바람이 피부를 스치면 피부가 반응한다. 이것이 자연의 일이다.

그렇다면 자연의 일이 사람의 일로 이동하는 최초 지점은 어디일까? 놀랍게도 그 지점은 사람마다 다를 수 있다. 가령 바람이 당신 코끝을 스쳤지만 바람이 코끝에 닿는 감각을 포착하지 못하면 당신에게 바람이라는 사건은 일어나지 않은 것이다. 이렇게 될 수는 있다. 뭔가 코끝을 스쳤는데, 문득 기분이 쓸쓸해진다. 이때 무슨 일이 있었을까? 바람이라는 허공의 질감을 건너뛴 그 무엇이 당신의 의식을 살짝 바꾸지 않았을까?

'코끝이 차갑다'와 '기분이 꿀꿀하다'의 차이. 같은 바람이 코를 스쳤는데, 누군가는 '차갑다'고 하고 누군가는 '꿀꿀하다'고 한다. 무엇이 사실에 가까울까? 가령 누군가 당신의 뺨을 때렸다고 치자. 뺨을 맞은 당신은 벌컥 화를 낸다. 그런데 예수라는 청년은 뺨을 맞자 '따가움, 뜨거움, 욱신거림' 등의 감각을 알아차리고 있다가, 그 감각이 사라진 후 다른 쪽 뺨을 대면서 '때리라'고 했다면, 어느 쪽이 더 사실에 입각한 반응일까?

① 차가움, 따가움, 간지러움, 단단함, 가벼움, 욱신거림…
② 우울함, 편안함, 심란함, 서러움, 어지러움, 기쁨…

①과 ②의 의미 차이를 알 수 있을 것이다. ①은 자신의 눈, 귀, 코, 혀, 피부에 모양, 소리, 냄새, 맛 등이 접촉했을 때 발생하는 최초의 느낌이다. 이른바 육체적 느낌이다. ②는 육체적 느낌을 거쳐서 몇 단계 더 진행된 해석적 표현이다. 이 해석적 표현을 우리는 통상 '감정'이라고 칭한다.

'감정'은 인류가 생래적으로 지닌 세포 하나하나의 기억들과 지금 이 순간의 조건에 따라 발생하는 여러 기억이 물리화학적 합성 과정을 거치면서 조작적으로 만들어진 정서 표현이다. 즉 우리가 정서 혹은 감정이라고 표현하는 마음의 무늬는 그 시초가 몸의 감각이다. 차가움, 따가움, 간지러움, 뜨거움 따위에 대한 해석적 표현이 생각이나 감정이다.

《호모데우스》의 저자 유발 하라리Yuval Noah Harari는 하루 두 시간씩 명상하는 학자로도 유명하다. 그의 말에 따르면, '사람의 생각이나 정서'는 몸 감각에 대한 해석적 표현이다. '나 슬퍼' '나 우울해' '나 기분 나빠' 하는 감정의 시작 지점은 육체적 느낌이라는 뜻이다.

해석이나 조작이 최소화된 육체적 느낌을 알아차리는 일은 삶의 질을 결정하는 데 중대한 역할을 한다. 몸에서 일어나는 보다 근본적인 감각을 놓친 상태에서 온갖 기억이나 생각이 섞인 정서를 '자신의 진짜 상태'로 오인하면서 사느냐 마느냐 하는 일이기 때문이다. 이것은 가짜 제품을 진짜로 여기며 사용하는 것과 같다.

그런 점에서 '지금 이 순간'의 몸 감각을 알아차리고 적어보는 것은 원재료의 맛과 영양이 어떤지 낱낱이 음미하면서 음식을 먹는 일에 비유할 수 있다.

- ✓ 눈을 감거나 뜬 상태에서 자신의 몸 어느 부위든 마음의 눈으로 주시하고, 그 부위에서 일어났다 사라지는 육체적 느낌 적어보기 (따가움, 뜨거움, 욱신거림 등 몸이라는 순수 자연과 공기, 물, 흙 등 외부 자연이 접촉하는 첫 감각에 주목하기)
- ✓ 머리 혹은 어깨, 팔, 다리, 배, 등 따위에 어떤 감각이 있는지 적어보기 (기억이나 생각, 감정은 지나가도록 내버려두기)
- ✓ 마음의 초점을 몸 안쪽의 심장이나 위장의 느낌에 맞추고, 몸 안에 어떤 감각이 있는지 적어보기

어느 대기업 직원들과 '몸 감각 알아차려서 적어보기' 작업을 한 적이 있다. 마치고 소감 나누기를 하던 중에 20대 신입사원이 "이런 명상을 하다 보니, 내가 나를 만난다는 게 뭔지 이제야 감이 잡힌다"고 말했다. 그는 단 한 번도 이처럼 진지하게 자기 몸을 만나본 기억이 없다고 했다. 그의 흰 얼굴에 살짝 울음기가 번졌다가 사라졌다. 몸의 어느 부위에 마음의 초점을 맞추고 현미경 들여다보듯 몸의 감각을 알아차려 보는 일. 그런 시공에 고즈넉이 놓여 있는 한 청년의 분위기를 그려보면, 당신은 그의 모습을 어렵지 않게 만나볼 수 있을 것이다.

나는 하릴없을 때 이처럼 내 몸 감각 받아쓰기 게임을 즐긴다. 카페에서 누군가를 기다릴 때, 이런저런 생각이 떠올라 마음이 산만할 때, 나는 스마트폰 메모장에 지금 내 몸에서 발생하는 몸의 감각을 느껴지는 대로 적어본다. '머리-따가움, 간지러움, 욱신거림, 미세 떨림' 이렇게 말이다.

내 몸 곳곳에서 생멸하는 감각들을 가만히 느끼고 살피다 보면, 온갖 잡념이 걷히면서 차분하고 명료한 나와의 시간을 즐길 수 있다. 무엇보다도 **'지금 이 순간'이라는 개념이 바로 이것임을 확인하게 된다.** 명상이라는 게 이렇게 일상적임을 알게 된다. 눈을 감고 몸 감각을 알아차리는 일이 본격 명상이라면, 글쓰기명상은 눈 뜨고 몸 감각을 받아 적는다는 것, 그 차이일 뿐이다.

백지를 꺼내거나 스마트폰 노트 앱을 열어서 이처럼 명상 게임을 즐겨보는 건 어떤가. 고개를 살짝 숙이고 마음의 초점을 몸의 한 부위에 고정해서, 그 몸이 말하는 언어를 받아서 적어보라. 이왕이면 한층 더 미세한 감각을 적으려는 의도를 내본다. 당신이 꿈꾸는 별나라는 허공에 있는 것이 아닌, 이렇게 내 몸 곳곳에서 끊임없이 명멸하고 있다.

- 정수리 – 따가움, 욱신거림, 뜨거움, 쑤심
- 목 – 결림, 우두둑거림, 쑤심, 당김, 찌릿함
- 팔 – 따가움, 단단함, 굼실거림, 통통거림

- 가슴 – 따끔거림, 간질거림, 단단함, 뻐근함, 스멀거림, 당김
- 배 – 팽창감, 수축감, 사르륵거림, 싸함, 덜덜거림
- 엉덩이 – 딱딱함, 시큰거림, 움찔거림, 단단함, 간지러움

내면 아이
드러내기

조물주는 왜 하필 내 젖먹이 시절 기억을 어둠에 파묻었을까? 그 당시 기억은 좀체 떠오르지 않는다. 파편 같은 것이라도 한 번씩 튕겨 오르면 좋으련만, 빛 없는 심해 그 자체다. 하지만 기억이 없다 하여 그 시절이 없었을 리 없다. 주변 어른들은 나의 어린 시절을 잘 기억한다. 외계인처럼 생겼었다는 둥, 접시 물에 코 박고 죽을 뻔했다는 둥, 낄낄대면서 기억에 없는 내 이야기를 가지고 흥겹다. 왜 아니겠는가. 그분들 입장에서야 단 몇 분 만에 전생에도 도달한다는 최면 치료에 비하면, 내 어린 시절 한두 컷 기억하는 것쯤은 어제 일처럼 또렷하지 않겠는가.

프로이트 심리학을 굳이 언급하지 않더라도 젖먹이 시절 삶의 환경이 중요하다는 것은 오늘날 상식이 됐다. 그 상식이 출산휴가,

육아휴직 등을 확보하는 동력으로 작용한 건 아닐까? 아동학자들은 유년기 최하 14개월부터 2년간은 아이가 엄마의 손길 안에서 자라야 하고, 모유 수유가 중요하다는 등의 이론을 쏟아낸다. 나는 이 수치들을 인정하면서도, 불현듯 이런 질문을 던지고 싶어진다. 그래서 어쨌다는 건가? 그 젖먹이들은 모두 행복할까? 소비자 권리의 기준은 소비자의 눈높이고, 희생자 권리의 기준은 희생자의 눈높이가 가장 중요하다면, 젖먹이 권리의 눈높이는 젖먹이어야 한다. 그런데 젖먹이의 주장은 누가 대신할까?

당신의 생애 초기는 자아의 실종 시대다. 자기 주도성이 없으므로 권리의 암흑기이기도 하다. 그 시절, 무슨 일이 있었는지 파헤칠 재간이 없으니 부모에게 증거를 들이댈 수도 없다. 지독한 사랑과 희생정신으로 중무장한 부모가 사실은 혹독한 독재자이자 내 삶의 능멸자였음을, 그 아이가 어른이 되어 자각하는 경우가 드물지 않다. 성장한 그 아이의 우울증이나 자살 충동, 알코올 의존증 따위가 어린 시절의 불균형과 결핍을 뒷받침하고 있음에도, 누구도 그런 부모를 탓할 수 없다. 당사자의 기억이 새까맣기 때문이다. 그저 꽤 성장한 어느 날, 허공에 주먹질하듯 한두 번 질러댈 뿐이다.

"엄마, 아빠가 자기 식대로 사랑하는 통에 내가 얼마나 상처 입었는지 알아?"
"어머, 얘 말하는 것 좀 봐. 아빠하고 사는 것도 그렇고 그래서, 너만 애지중지 키웠는데, 이제 와서 어떻게 이럴 수 있어!"

부모의 역공을 당해낼 재간이 없다. 무엇보다 당신의 유아기 기억은 일괄해서 부모의 독과점 품목이다. 가물가물한 기억의 소실점에 무언가 있긴 한데, 어느 금도끼가 자녀에 대한 부모의 확신을 쪼갤 수 있을까? 제멋대로 자행했던 왜곡된 자녀 사랑을 스스로 깨쳐 고백하기 전에는 해결책이 없다. 그래, 단념하자. 이미 부모는 자식에 대한 기억을 자기 방식대로 곱게 오려서 행복의 액자에 잘 표구해뒀다. 게다가 세상의 모든 부모가 잘못된 사랑 방식만 밟았다고 일반화하는 것은 위험하다. 그러니, 단념하기! 이미 늦은 일이다.

그럼에도 당신은 인지부조화로 어려움을 겪고 있는 환자가 때때로 제정신을 찾을 때처럼, 불쑥불쑥 화가 치밀거나 억울하거나 두렵거나 외롭다. 이게 무얼까 싶다. 내 나름대로 잘 살아왔다고 믿어왔는데, 튼실했던 사랑니가 일순간에 흔들리듯 걷잡을 수 없이 휘몰아치는 감정이라니. 건널목을 건너다 길 한복판에 선 사람처럼, 정신을 차려보니 자신이 요즘 걸핏하면 버럭버럭 화내는 사람이 되고 말았더라. 때도 없이 우울해지고, 때도 없이 눈물짓는 사람이 되었더라. 스스로에게 놀라거나 후회하는 경우가 잦아지기도 한다.

하지만 괜찮다. **감정선이 불안정하게 흔들린다는 건, 생명의 신호이지 종말의 신호는 아니다.** 당신의 내면 아이inner child를 만날 수 있는 기회다. 가만히 들여다보면 당신의 내면은 벌써부터 철부지처럼 울고 있을지도 모른다. 두려움에 떨면서 눈알을 굴리고 있을 수도 있다. 시간을 두고 귀 기울여보면 아득한 내면의 소리가 들려온다. 옹알거리는 소리, 응애응애 고양이처럼 우는 소리, 울음을 참아 누르며 끅끅대는 소리. 젖먹이 시절 그때, 미처 하지 못했던 내면의 음파들이 서서히 선명해지리라. '내면 아이 드러내기'는 바로 그 시절, 그때 쏟아내지 못한 신호들을 드러내는 작업이다. 늦었지만, 이제라도 만나야 한다. 당신의 생애, 상처의 뿌리가 도사리고 있는 지점이기 때문이다.

✓ 자신의 내면 아이가 두려워하고, 칭얼대고, 투정 부리고, 눈치 보며 웅얼거리고, 슬퍼하는 소리를 최대한 아이의 감정이나 말로써 표현하기
✓ 좌절감, 우울감, 슬픔, 두려움 등 부정적 감정이 들 때, 어린아이처럼 울고 싶은 그 감정을 따라가보고 그 감정 안에 웅크리고 있는 아이의 말을 있는 그대로 받아 적기
✓ 지금 떠오르는 아기의 모든 말, 가령 갓 말을 배운 아이처럼 혀 짧고, 웅얼거리고, 불안정한 소리 등을 그대로 받아 적기
✓ 부모, 형제에 대한 원망이나 항의, 분노, 좌절, 서러움, 외로움 등을 느끼던 시절을 떠올리고, 그때 감정을 어린아이의 언어로 표현하기

소설가 김형경은 심리 수필집 《천개의 공감》에서 "생애 초기에 체험한 사랑에 독성이 강하면 성인이 된 이후의 사랑에 어려움을 겪

는다"라고 말한다. 하지만 어느 사랑인들 독이 묻어 있지 않으랴. 초보 엄마, 초보 아빠의 거칠고 조악한 사랑의 운행에 어린아이였던 나만 울고 있지는 않았을 터다. 이만큼 나이 먹어서 돌아보면, 그 시절 부모살이 자체가 흐느낌이다. 부모 자식 간에 이고 지고 떠멘 세월은 절대적 시공이어서 받을 빚도 없고 줄 빚도 없다. 이제 와서 어쩌랴.

생애 초기에 뿜어내지 못한 당신의 감정, 당신의 언어를 이제라도 내던지는 것이야말로 독성을 털어내는 거의 유일한 방법이다. 당신 안에 그런 아이가 있을 리 없다고 우겨대지 말라. 당신이 젖먹이가 되기로 마음먹고 글발을 날리는 순간, 내면에 갇혀 있던 아이들이 숱하게 튀어나올 것이다. 그 아이의 비명, 그 아이의 외마디를 퍼올려라. 당신의 옆 사람 잘못이 아니다.

- 엄마 싫어, 나 밥 먹기 싫어!
- 엄마 아빠, 그만 좀 소리 질러. 무서워 죽겠어.
- 엄마 어디 가? 또 나 혼자 있으라고?
- 아빠, 엄마 좀 그만 때려. 응? 엄마가 불쌍하지도 않아?
- 아빠, 나 그만 울게. 쫓아버린단 말 좀 하지 마.
- 아빠, 나 무서워. 얼어 죽을 거 같아.

내 안의 중2 언어
받아 적기

북한이 남한을 침범하지 못하는 이유가 남한에 '중2'라는 무시무시한 괴물 집단이 있어서라는 우스갯말이 한때 유행했다. 그 시절 몇몇은 길에 침을 틱틱 뱉는다거나 주먹으로 벽 치기, 모방 싸움으로 친구 기죽이기, 삼삼오오 모여서 뻐끔 담배를 피우는 무소불위 질풍노도의 청소년기를 거친다. 생리적으로 왕성하고, 코 밑에 털이 거뭇거뭇하고, 목소리가 변하고, 이유 없이 화내고, 느닷없이 소리 지르고, 남모르는 동성애를 경험하는 때이기도 하다.

생리적·정신적 격동은 생애 주기의 측면에서 보면 자연스럽다. 그런 곡절을 거쳐 이윽고 다음 시기로 넘어간다. '중2'로 상징되는 사춘기는 가정이나 사회에서 일종의 폭발물 취급을 하지만, 당신의 그 시절을 떠올려보라. 알고 보면, 남들 생각대로 마음껏 폭발했던 나날이었던가, 아니면 다른 어느 시기보다 더 심하게 욱여넣고 참고 견뎠던 시기였던가.

누구에게나 진실은 있게 마련이다. 진실은 당사자의 마음에 있지, 당신을 쳐다보는 사람의 어림짐작 속에 있지 않다. 당신은 정작 중2 시절에 좌절하고 눈치 보며 살아야 했던 날들이 어느 시기보다 많았을지 모른다. 내면의 격동이 강할수록 '중2'를 둘러싼 조건은 냉정하고 엄정하여, 사면팔방 눈치 보며 살아야 했을 것이다. 이것이 진실이다. 엄마와 '중2' 딸은 서로 대화를 하되 무슨 말인지 몰라서 짜증과 우울의 감정만 나누고, 아빠와 아들의 대화는 차라리 서부 활극의 권총 대결이 더 깔끔했을지 모른다.

되돌아보면, 나의 그 시절도 남 못지않게 쓸쓸하고 핍진했다. 무엇보다 내 편이 없다는 게 절망스러웠다. 내 편 같은 사람의 냄새라도 맡아보고 싶어서 들개처럼 쏘다녔다. 확실한 믿음은 없었지만, 그래도 결국에는 내 편이려니 했던 엄마나 아빠조차 알고 보니 외계인이었던가? 내 말 한마디 못 알아듣는 건 물론이고, 그들이 무슨 말을 하는지도 해독 불가였다. 가벼운 한두 마디 대거리에 온갖 충고와 비교, 염려 폭탄에 피폭돼 즉사할 지경이었다. 홧김에 의자 발톱이라도 걷어차면, 그 가벼운 발길질 한 번에 온 집 안이 냉동고가 된 듯 살벌하게 썰렁해졌다.

　내 인생은 도대체 어떻게 흘러가는지 알 수 없는데 친구들은 청정지역의 행복 동네에라도 사는 것 같아서, 더 깊이 외롭고 쓸쓸했다. 내 안에서 수시로 맹독성 감정이나 통제 불가의 몸짓이 치밀어 올랐지만, 출구가 보였던 기억은 없다. 우선은 급한 대로 어두운 허공을 향해 침이나 욕설 따위를 뱉어댈 수밖에.

'내 안의 중2 언어 받아 적기'는 뒤늦은 '살풀이'나 '해원굿' 정도로 생각해도 무방하다. 당신의 영혼은 어쩌면 아직 소화되지 않은 '중2' 정서에 짓눌려 있을지도 모른다. 아니라고? 그럴 일 없다고 딱 잡아떼는 사람은 그 자체로 위험하다. 당신 곁에 바짝 붙어사는 인연에게 '왜 내가 위험한지' 질문하면 누구보다 신속 정확한 답을 얻게 될지도 모른다.

세상의 아내들은 삼삼오오 모이면 너나없이 자기 남편을 '우리 집 큰아들'이라고 칭하나 보다. '우리 집 큰아들' 입장에서야, 그때는 공부하느라고 영혼의 성장을 챙길 겨를이 없었노라고 '사과성 변명'으로 수습하는 게 그나마 남은 기회다.

유발 하라리는 저서 《21세기를 위한 21가지 제언》에서 "21세기에 끝까지 살아남을 경쟁력은 자아 성찰력"이라고 말한다. 스스로를 들여다보고 인정할 줄 아는 능력이 곧 미래 시대를 인간답게 살아가는 생존 능력이라는 것이다. 하지만 질풍노도의 핵심인 '중2'에게 '자아 성찰'을 바라기에는 무리가 있다. 이른바 '씨알도 안 먹힐 주문'이다. 당신은 이제, 먼 풍경처럼 그 시절을 돌아볼 나이가 되지 않았는가.

✓ '중2' 시절, 자신을 둘러싼 여러 조건 때문에 하고 싶었으나 하지 못했던 말, 행위 따위를 구체적으로 하나하나 적어보기

✓ 그 시절 나보다 체구가 크다는 이유로 두려움, 모멸감, 좌절감, 수치심을 주었던 친구나 친지, 어른을 향해서 하고 싶었던 말을 그들이 내 앞에 있다고 상상하면서 적어보기

✓ '중2' 시절을 노려보듯 떠올려보고, 그때 가장 하고 싶었던 일, 하고 싶었던 게임, 실컷 먹고 싶었던 음식, 가고 싶었던 여행지, 떠나고 싶었던 시기, 함께 떠나고 싶었던 친구 등을 적어보기

위 안내 글에 따라 적어가다 보면 수치심이나 분노가 벼락처럼 일어나기도 한다. 당신이 지금 그런 역동을 경험하고 있다면, 그 기억과 당신이 일체화됐음을 의미한다. 당신은 어쩌면 '중2' 시절로 순간 이동했을 수도 있다. 당신이라는 존재가 그 감정과 화학적 합집합이 된 것이다. 이런 현상을 대수롭지 않게 넘겨버려야 할까? 아니다. **당신은 그런 감정에 푹 빠져든 상태임을 알아차려야 한다.** '내가 지금 수치심에 휩싸여 있군' '내 몸이 좀 뜨거워져 있군' 하고 알아차려야 할 일이다. 그 순간 당신은 '중2'에서 벗어나 그 소년을 객관적으로 바라보게 된다.

구체적인 사례를 적기가 쉽지 않을 수도 있다. 당신의 '중2' 시절, 자신의 입에 올리지 못한 미해결 언어들을 적나라하게 적어간다고 생각해보라. 숱한 시간이 흘렀지만, 타인에게 쉽게 발설할 수 있는 말이겠는가. 험악하고 음란하고 저속하고 비열하고 유치하

고 썰렁하고 가련한 낱말들. 그러므로 사례 글은 생략하기로 하자. 당신은 당신 노트에, 나는 내 노트에 미처 하지 못한 사춘기 시절의 온갖 언어를 내뱉는 것으로 마무리하자. 일단 문자화한 글은 눈으로만 찬찬히 들여다봐도 그 시절의 기억이 홀로그램처럼 일어서기도 한다. 그것이 바로 문자의 힘이다.

내 안의 천사
만나기

우리가 알고 있는 천사는 있기나 한 걸까? 어린 시절 동화 속 천사들은 어른이 되어가는 동안 미확인 비행물체와 같은 존재가 됐다. 돌아보면 그 시절 나에게 들려온 세상의 이야기들은 내 상상 속에서 믿음과 신뢰의 날개를 달고 허공을 떠돌아다녔다. 개중에 산타클로스 할아버지도 있었고, 꼬리 아홉 달린 구미호, 흰 날개가 있는 천사도 있었다. 그뿐만 아니라 언젠가는 그 신비한 존재들을 내 손으로 만져볼 수 있으리라 확신했었다. 하지만 세월이 흐르면서 천사는커녕 진짜 천사의 존재를 믿었는지 기억조차 희미해졌다. 이제 천사는 아파트 1004호 현관에나 붙어서 어릴 적 꿈을 싱거운 우스개로 만들어놓았다.

어른이 된다는 것은 상상과 감성의 습도가 현저히 메말라가는 것을 의미하는지도 모른다. 어느 날 통화하던 친구가 그랬다. "감기 걸린 것 같은데 컨디션 괜찮아?" 그러고 보니 이제는 메마른 성대 그대로 통화하는 사람이 됐다. 꽃밭을 보고도 무심히 지나치게 되고, 친구 모친 상가喪家에 가서도 친구 얼굴 보는 기쁨에 비시시 웃음이 눈치 없이 새어 나온다. 물난리 장면이 넘실대는 TV 화면 앞에서도 혀끝 한번 차지 않고 멍하니 지켜본다. '아, 이런! 내가 이렇게 살고 있구나.' 뒤늦은 각성과 자기 연민이 밀려든다.

정말 없었을까? 언젠가 어딘가에서 흰 날개를 펼쳤을 하늘의 심부름꾼. 잘 더듬어보면, 전혀 없진 않았다. 길에서 울고 있는 서너 살짜리 아이를 보고, '아이코, 저걸 어떡하지?' 하는 순간, 자기 안에서 뭔지 모를 흰 날개가 펼쳐졌던 것 같다. 아무 대책도, 그 꼬맹이를 도와줄 말 한마디 준비하지 못했지만, 대뜸 걸음을 멈추고 무릎을 접었다. "우리 꼬마 아저씨, 혼자 있구나. 엄마는 어디 갔어?" 두리번거리는 아이의 눈빛을 보아하니, 엄마는 멀리 간 것 같진 않다. 잠시 가까운 편의점에 갔거나 약국에 갔으리라. 그렇지만 당신은 꼬맹이의 곁을 떠나지 못한다. 엄마가 올 때까지 기다리기로 한 선의의 날개가 이미 펼쳐졌다.

살다 보면 가끔 동화 속 천사가 자기 내면에서 날개를 펼치는 순간이 있다. 타인에 대한 선한 의지, 돕고자 해서 도운 게 아닌, 그냥 본능적 날갯짓 같은 선의가 우산살처럼 펼쳐질 때가 있다. 몸이 따르지 않더라도, 마음만으로도 그런 일이 생긴다. 천사는 그렇게 당신 내면에 웅크리고 있다. 하지만 아직 시력도 체력도 지력도 갖추지 못한 어린 시절엔 내면 깊은 곳에 접혀 있는 흰 날개를 발견할 수도 없었을 것이다. 그래서 먼 하늘에 있겠거니 하면서 두리번거렸던 것일까? 이제라도 자기 내면에서 천사를 찾아보자. '어쩌면 나는 지금 천사일지도 몰라. 이런 나를 발견해주는 일 자체에도 선한 의지가 녹아 있으리라.'

✓ 이미 하고 있거나 언젠가는 하리라 싶은, 타인을 돕는 일을 되도록 구체적으로 적어보기

✓ 스스로 민망하여 아무에게도 발설하지 못했지만, 반드시 하리라 싶은 일 혹은 말 드러내기

✓ 영화나 에세이, 소설 따위에서 보고 들었던 '천사형' 스토리나 대화 서술하기

✓ 기억 속의 감동적인 장면, 경험, 생각, 상상 따위를 그림 그리듯이 써보거나, 시나리오처럼 대화 형식으로, 만화의 콘티처럼 간결하게, 낙서처럼 생각나는 대로 자유롭게 적어보기

✓ 내 부모, 형제, 자녀에게 선한 마음을 내어 하고 싶은 말이나 이야기 적어보기

아무리 해도 내면의 선한 의지를 찾아내지 못할 수도 있다. 소위 먹고사는 일에 급급하다 보니 누군가를 돕는다는 일이 남의 일 같기만 할 수도 있다. '내가 누군가를 돕다니. 그럴 일 없어. 나 살기

도 바빠 죽겠어.'

　가령 소매치기 아빠가 일을 마치고 집으로 오면서, 스스로 선한 인물이라고 생각하긴 어렵다. 하지만 아빠를 기다리는 어린 딸의 입장에서는 그가 자신의 유일한 천사다. 사회적으로는 범죄자지만, 딸에게는 둘도 없는 천사다. 당신이 지금 무엇이고 무슨 행위를 했든 존재 자체로 천사인 것은, 당신에게 친족이 있고 이웃이 있기 때문이다. **당신은 누군가에게 절대적으로 소중한 존재다.** 친족과 이웃 속에서 당신은 그저 마른 나무처럼 존재하는 것만으로도 천사의 날개를 펼치고 있는 것이다.

　그러고 보면, 어린 시절 내가 천사를 만나지 못한 이유가 분명해진다. 내면의 선한 의지, 내면의 흰 날개는 누군가를 의지할 때 펼쳐지는 것이 아니라 누군가가 내게 기댈 때, 누군가가 내게 호소할 때, 비로소 119 구급차처럼 발동한다. 알고 보니 나는 당신 덕분에 천사다.

내 안의 악마
드러내기

가정폭력 피해여성 집단에서 이런 제안을 한 적이 있다.

나 자신이 알고 있는 모든 욕설을 백지에 한번 적어보세요.

여성 난, 욕설을 잘 모르는데…. 그러고 보니 누구한테 속 시원히 욕 한번 해본 적이 없군요.

나 그렇다면 자신이 이제까지 들은 욕설을 적어보시겠어요? 시간을 넉넉히 갖고, 기억나시는 대로 적어보세요.

20여분 쯤 지나면, 백지 앞면도 모자라 뒷면으로 넘기는 사람이 생긴다. 적으면서 표정이 일그러지거나 조용히 눈자위의 눈물을 지우거나 깊은 한숨을 내쉬기도 한다. 더는 못 적겠다며 쓰던 펜을 탁 하고 내려놓는 사람도 있다. 잠시 기다린 후 내가 물었다.

나	우리는 왜, 내가 알고 있는 욕설을 적으라고 할 때는 적을 수 없었는데, 내가 들었던 욕설을 적으라니까 술술 적게 될까요?
여성	알고 있는 것하고 들은 것하고는 다르니까요. 정말 들은 욕설은 차마 입에 담지도 못해요.
나	아, 그렇다면 지금 백지에 적은 욕설은 누가 적으신 거죠?
여성	내가⋯ 아, 그러니까 이것도 이제는 알고 있었던 거네⋯.

자기 내면에 이런 분노와 욕설이 있으리라는 생각을 해본 적 없는 경우와 자기 내면에 험악한 욕설들이 장전돼 있음을 아는 경우는 어떤 차이가 있을까? 집 안에 뱀이나 쥐가 살고 있는 것을 아는 것과 모르는 것의 차이와 크게 다르지 않을 것이다. 알코올 의존증 환자의 치유 행위 시점 또한 같은 맥락의 의미를 갖는다. 알코올 의존증 재활치료는 대체로 당사자가 스스로 알코올 의존 증세를 인정할 때부터 시작한다. "두주불사가 집안 내림인 걸 어떡합니까" "삶이 나를 술 마시게 하는 걸요. 그래도 고치고 싶군요" 이런 상태에서 시작된 치료는 고름 위에 연고 바르는 격이다. '인정'과 '수용'은 자신의 현 상황에 대한 객관적 관찰의 결과다. '인정'은 자신에 대해 냉정을 되찾는 순간 찾아드는 정신 작용이다. 자신의 술주정에 대한 제삼자의 시점을 만난 순간이다.

자기 내면의 분노나 두려움, 탐욕 또한 마찬가지다. 언젠가 자신의 내면에 서식하게 된 분노와 욕설이 있음을 인식하고 스스로 그러함을 인정하지 않으면, 그 '분노'는 심리적 고름과 같은 상태로 잠재한다. 물론 조건이 갖춰지면 당신은 부지불식간에 잠재됐던 분노를 욕설 등의 형식으로 표현하게 된다. 왜 그럴까? 그것을 통제할 수 있는 주도권이 자신에게 없기 때문이다. 사실상 목동이 없는 양 떼와 다름없게 된 것이다. 자신을 지켜보는 목동이 없으니 양들은 자기 욕망이나 주변의 조건에 따라 휘날리는 휴지 같은 상태가 된다. 글쓰기로써 그 욕설을 드러낸다는 것은 자기 내면에 그런 욕설이 있음을 인식하는 일이다. 당신은 이제 악마처럼 가증스러운 욕설을 지켜볼 수 있게 됐다. **그 분노들이 문자를 통해 자기 내면에서 밖으로 빠져나가는 길을 열어주는 참이다.**

'내 안의 악마'라는 표현을 보는 순간, 당신은 온몸이 끈적끈적한 점액질로 가득하고 표정은 일그러지고 송곳니가 길게 뻗은 캐릭터를 연상했는지도 모른다. '그런 불쾌한 것들이 내 안에 있을 리 없어. 나는 그런 사람이 아냐.'

당신도 같은 생각인가? 우리는 누가 일러주지 않아도 자기 변론의 대가로 성장한다. '나는 당신하고 달라. 당신이 그러니까 나도 그런 줄 알지?' 자기 변론의 방어막은 각자 삶의 기억 혹은 상처에 따라 두텁거나 얄팍하다. 두텁든 얄팍하든, 자기 안에 험악한 욕설이나 살의, 저주, 배신, 혐오, 파괴, 욕정 따위가 병기창에 쌓인 무기처럼 즐비한 줄 잘 모른다는 공통점이 있다. 스스로 관리하지 않으니 그때그때 조건에 따라 그 무기는 제멋대로 발사된다.

시나 소설, 수필 쓰기는 그런 점에서 치유적이다. 내면의 상처를 드러내기 좋은 예술 양식이기도 하지만, 자신의 악마성, 부정성에 대해 깍듯이 예의를 갖춰 이별식을 거행하는 방편이기도 하다.

특히 시인이나 소설가처럼 자본주의 생리와는 거리가 먼 예술 양식을 찾아 많은 사람이 여전히 줄을 잇는 이유는 무엇이겠는가. 시나 소설 속에 치유의 샘이 있음을 마치 물 냄새 맡은 목마른 포유류처럼 감지하기 때문이 아닐까? 안도현은 시집《가슴으로도 쓰고 손끝으로도 써라》에서 이렇게 말한다.

> "당신의 상처와 흉터와 광기와 결핍에 주목하라. 두고두고 치욕스럽게 여기는 것, 감춰두고 싶은 것, 그래 그것을 써라."

상처와 흉터와 광기와 결핍을 쓰라니. 언뜻 이해가 가지 않을 수도 있다. 그런 건 감추고 살아도 걸핏하면 삐죽삐죽 얼굴을 내밀어서 골치 아픈데 말이다.

그렇다면 이것은 어떤가? 집안의 모든 친인척뿐만 아니라 온 동네 사람들을 모아놓고 해원굿을 하는 일. 그런 굿을 한다는 것은 곧 그 집안의 상처와 흉터와 광기와 결핍을 중인환시리衆人環視裏에 드러낸다는 뜻이다. 큰무당, 작은 무당의 입을 통해 살아 있는 사람뿐 아니라, 이 동네가 고향인 사람들도 미처 알지 못했던 그 집안의 옛 며느리나 어르신 귀신이 등장하여 들도 보도 못한 그 집안 이야기를 늘어놓는다. 그야말로 한 가정의 상처와 흉터를 마치 빨랫줄의 빨래처럼 줄줄이 널어놓는 행사다. 그럼으로써 그 집은 무슨 이득을 얻을까? 음습하게 숨은 집안의 검은 이끼가 햇빛 아래 드러나면서 말라 죽는 것이다. 쉬쉬하고 숨기며 안으로 곪아 갔던 집안의 암덩이 같은 사연이 햇빛에 드러나 말라 죽고 새로운 공기를 호흡하며 건강하게 재생하는 계기를 만든 것이다.

당신은 자기 내면의 악마성을 떠나보내기 위해 작은 제단 만들기 팁을 하나 얻게 됐다. 굳이 시나 소설을 쓰지 않더라도, 아니 누구나 다 이런 작업 속에서 시나 소설을 건진다는 사실을 느끼고 스스로의 흉터에 주목한다면, 당신은 그 흉터와의 이별식을 준비한 셈이다.

✓ 내가 들었거나 알고 있는 세상의 모든 욕설 적어보기
✓ 지금도 견디기 힘든 나에 대한 비난, 힐난, 수치심 유발 발언 적어보기
✓ 세상 모든 존재를 내 마음대로 할 수 있다는 전제하에, 하고 싶은 악마적 행위 적어보기
✓ 이번 생이 아니더라도 반드시 채우고 싶은 '돈, 명예, 사랑'에 대한 욕구 드러내기
✓ 스스로에게 악마적 의도로 내지르고 싶은 욕설이나 행위 표출하기
✓ 생애 가장 가난했거나 물질적으로 참담했다고 여겨지는 시기의 마음 드러내기
✓ 생애 가장 불안, 좌절, 혐오, 슬픔, 분노가 들끓었던 시기의 감정 표현하기

당신은 스스로에게 어떤 존재인가? 아군인가, 적군인가? 이런 질문을 하는 이유는, 내가 나 자신에게 어떤 존재인지 피아 식별이 모호할 때가 왕왕 있기 때문이다. 당신이 타인을 지켜볼 때와 자기 자신을 지켜볼 때를 비교해보면, 누가 더 친근하게 느껴지는가? 언뜻 쉬운 문제 같지만 생각하면 할수록 분간하기 어려울 것이다.

생애 인연의 고리를 이어가는 첫 대상이 바로 나라는 존재일까? 이에 대한 정답은 무엇일까? 사실 나를 지켜볼 때와 나와 동일시돼 있는 순간이 있으므로, 그 답은 때로는 맞고 때로는 틀리다. 나는 인연의 고리를 이어가는 첫 대상을 '나'라고 하는 존재에 두고자 한다. 나라고 하는 대상의 환심을 사고 싶고, 사랑을 주고 싶고, 더 알고 싶기 때문이다. '내 안의 악마'를 드러내고자 하는 의도 또한 나의 최초 인연을 소중히 여기고 싶어서다.

신과
대화하기

'신과 대화하기'라고 하니, '흥! 신이 있기나 해?' 하며 코웃음을 치는 사람이 있다고 치자. 그런 경우를 들어 흔히 '헛다리 짚었다'라고 한다. 여기에서 말하는 신은 그리스 파르테논 신전에서 신탁을 통해 강림하는 신이나 교회 첨탑 아래, 사찰의 대웅전 안에 계시는 그분이 아니다. 글쓰기명상에서 신이 머무는 처소를 굳이 말하자면, 원고지나 노트북 모니터, 그 어느 지점인지 모를 곳이다. 아니, 그 안에서 부재중이어도 상관없다. 확인 불가 조건에서도 우리는 신을 믿어왔거나, 괜히 쌍심지를 켰거나, 하소연을 했거나, 이번 일만 잘 해결되면 어찌하겠다는 약속을 하며 긴급하게 읍소한 전력이 있다.

　나는 신이 '어디에 있는가?'보다는 '신이 나와 어떻게 연관되는가?'에 관심이 많다. 나라는 존재가 없을 때도 신은 존재하는 것일까? 이런 식의 질문 말이다. 나라는 존재가 없으면, 신은 '있지 않을 수밖에 없다.' 지금은 나라는 존재가 있고, 글쓰기명상을 하고 있으며, '신과 대화하기'를 실습하고 있다. 이때 신은 어디에 있을까? 이 글쓰기는 그런 질문과 응답을 직관적으로 체험하는 시간이 길 바라는 마음으로 구상했다.

어떤 신이건 간에 당신에게 그분은 탁월한 해결사다. 안갯속 같은 당신 미래의 길을 열어주거나, 당신의 지혜로는 도저히 풀 길 없는 실타래를 풀어주거나, 당신이 감당하기 어려운 일을 해결해주는 분이다. 설사 해결책이 나오지 않았더라도 그마저 '신의 뜻'이리라는 믿음으로 견디게 해주는 백마 탄 왕자였다. 수많은 청중 속에서도 당신의 신은 늘 유일한 단수다. 오늘 당신은 그 신을 만난다. '당신'과 '신'이라는 단순 설정 안에서 담백하게 묻고 답하는 글쓰기, 이른바 일대일 맞대응 글쓰기다.

✓ 육하원칙에 따라 구체적으로 당면한 문제와 그에 따른 지금의 감정을 적으면서, 당신의 신에게 '이 문제를 어떻게 하면 좋겠냐'고 물어보라.
✓ 신은 당신의 모든 것을 완벽하게 수용해주는 존재다. 화가 나는 상황이면 그 분노를 구체적으로 표현하라. 공격적, 냉소적, 비난조로 질문해보라.
✓ 질문을 반복해도 상관없다. 당신의 신 또한 같은 답변을 할 수도 있음을 명심하라.

✓ 질문의 관점을 바꿔서 물어보라. 가령 당신이 주인공인 질문이 아니라 타인이 주인공인 질문도 해보라.

✓ 당신이 아닌 사물의 관점에서 물어보라. 사물과 신의 중재자로서 질문하고 답을 드러내보라.

이 작업을 통해 당신은 그런 과정의 조그만 결실을 보게 될 것이다. '신과 대화하기'는, 끈질긴 대화의 꽃이 피어나고 그 꽃송이에서 열매가 맺히는 경험을 선물하고 싶다는 의도에서 마련했다. 당신이 준비할 것은 딱 한 가지, 그저 포기하지 않고 손끝 대화를 이어가겠다는 결심 한 장이면 족하다.

　당신은 당신의 말을 적고, 신은 신의 말을 적어가는 것이다. 겉으로 드러나는 형식은 단순한 시나리오 대본이다. 하지만 당신은 **'당신과 신'이라는 설정 속에서 그동안 아무에게도 묻지 못했던 유치한 질문이나, 어린아이의 응석 같은 말들을 쏟아내는 데 충실하면 그만이다.** 장담하건대 당신의 신은 반드시 반응한다. 진지한 수용과 반문과 호기심의 눈빛이 당신의 손끝을 통해 전해질 것이다. 이를테면, 다음처럼 해보자.

나	길동이만 생각하면 피가 거꾸로 솟구치는데, 어떻게 하죠?
신	피가 거꾸로 솟구칠 만한 일이라도 있었어?
나	그야 수없이 많죠. 내 뒷말을 한다고 인찬이가 그랬단 말이에요. 그게 한두 번이겠어요? 몇 년 전에는 걔가 현보의

뒷말을 한 걸 현보가 알고 둘이 경찰서에 불려갈 만큼 싸웠단 말이에요.

신   길동이가 뒷말하는 걸 직접 보거나 들었어?

나   안 봐도 뻔해요. 걔는 전과가 있단 말이에요.

신   넌 혹시 친구들하고 남의 뒷말 전혀 하지 않아?

나   그거야, 가끔… 하지만, 길동이처럼 악의적으로 하지는 않죠.

신   호오, 악의적으로는 하지 않지만, 하긴 한단 말이네?

질문과 응답을 받아 적다 보면, 참으로 인간적인 신이라는 생각이 들기도 한다. 자신에 대해 모르는 게 없는 존재라는 생각도 든다. 자신이 알고 있는 내용뿐만 아니라 그간 생각하지 못했던 이면까지도 꿰뚫고 있구나 하는 감탄이 일기도 한다. 스스로 묻고 스스로 적는 것인데 그럴 리가 있나 싶은가? 이래서 사람은 자신을 너무나 모른 채 한 생을 보내는 게 아닌가 싶다. 어쩌면 이런 체험이 왜 우리가 몸을 고요히 정지시켜 몸의 감각이나 마음의 움직임을 찬찬히 관찰하는 시간을 가져야 하는지를 증명해준다.

삶이란 자신에 대한 무지에서 출발하여 이와 같은 공부를 통해 지혜를 확장해가는 여정이나 다름없다.

홈그라운드 글쓰기

21세기 초반 대한민국 전역이 들썩거렸던 사건을 기억하는가?
2002 월드컵 축구 4강 달성을 두고 전문가들은 이구동성으로 말
했다. 월드컵 4강은 한국이 홈그라운드에서 뛰었기 때문에 가능했
다는 것이다. 홈 게임은 통상 30퍼센트 정도 경기력 향상을 가져
온다는 근거를 댄다. 하지만 나는 이런 뒷이야기의 실효성을 논할
생각은 없다. 다만 홈그라운드라는 게 어떻게 그런 효력을 발휘하
는가에 꽂혀 있다. 그런데 양자물리학에 물어보니, '그럼, 당연하
고말고!'라고 한다.

현대에 이르러 대한민국 월드컵 4강 신화 확률 곱하기 200은 될
만한 대형 사건이 양자물리학이다. 양자물리학은 모든 물질에 지
능이 있음을 증명함으로써 세기말 과학계를 발칵 뒤집어놓았다.

모든 물질은 고도의 지능을 가진 미립자로 구성돼 있고, 그 미립자를 조종하는 주체는 '마음'임을 증명한 것이다. '모든 것은 마음이 지어낸다'고 설파하신 2,600년 전 붓다의 일체유심조一切唯心造와 다르지 않은 결과가 이제야 입증되다니! 월드컵 4강 신화는 그런 점에서 이 땅에 홈그라운드의 이익과 양자물리학을 실제적 현상으로 드러낸 놀라운 사건이다.

홈그라운드 글쓰기는 마음의 에너지를 언어화하여 노트 위에 마음껏 질러대는 '언어의 막춤'이라고 할 수 있다. 마음속 상대를 내 앞에 꿇어앉히든, 두 손을 들게 하든 상관없다. 일단 마음으로 상대를 정했으면 냅다 갈겨쓰라! 8만 홈 팬들이 당신의 모음 한 획, 자음 한 획에 열광하면서 미친 듯이 함성을 질러대는 가운데 자기의 욕망과 분노와 득의와 기세등등한 언어들을 이끌고 유유히 적진을 돌파해가는 스타플레이어가 돼보라는 제안이다.

 글이란 이런 맛에 쓰는 것이다. 그것이 상대의 골네트를 뒤흔드는 결승골이 되든 말든, 그런 결과에 연연할 일은 아니다. 당신의 내면 깊은 곳에 억눌려 있던 모든 분노와 슬픔, 상처를 '입말 그대로' 드러낼 때, 당신은 당신만의 홈그라운드 글쓰기를 즐길 수 있다.

✔ 마음의 독성이 임계점에 다다를 때까지 방치하는 것은 위험하니, 독성 그래프를 치솟게 한 '그 사람'을 당신의 모니터 앞에 소환하여 상대를

명확히 규정하고, 삿대질하듯이 적어보기

✓ 마음의 대상을 내 앞에 앉혀놓고, '말하듯이, 악쓰듯이, 울먹이듯이, 뒹굴면서 소리 지르듯이' 갈겨쓰기

✓ 보이든 보이지 않든 세상의 모든 에너지가 당신을 돕고 있다는 전제하에, 언어는 물론이고 손짓, 발짓까지 모두 동원하여 자유롭게 글 쓰기

박미라는 이런 종류의 글쓰기를 저서 《치유하는 글쓰기》에서 '미친년 글쓰기'라고 명명한다. 치료 글쓰기로 유명한 제임스 페니베이커는 저서 《털어놓기와 건강》에서 '감정표현 글쓰기'라고 소개했다. 어떤 표현으로 은유돼도 좋다. 당신이 만약 자신만만한 패기와 결기의 눈빛으로 온 우주의 응원을 가슴에 품고 모니터 앞에 놓인 손가락 수다를 허용한다면, 준비는 끝난 것이다.

홈그라운드 글쓰기의 효력은 엄청나다. 몇 년 전, 이마의 열이 열흘이나 내려가지 않아서 사직서를 품에 안고 술을 사달라고 찾아온 후배가 있었다. 중소기업의 고위 간부였던 그 후배는 20여 년간 회사 사장과 한솥밥 먹으며 생사고락을 같이한, 이른바 창업공신이었다. 그런데 언제부터인가 사장이 그에게 업무를 주지 않았다. 그가 알게 모르게 사장의 걸림돌이 된 이유는 후배가 용돈을 쥐여주며 귀여워했던 사장 아들이 장성했기 때문이라는 게 후배의 추측이었다. 처음 며칠 동안 사장의 속내를 눈치채지 못하고 눈치만 보고 있었던 그는 며칠 후 사태를 파악했다. '드디어 내가 버림

받는구나.' 후배는 그 상황을 받아들이기로 했다. 하지만 마음먹은 것처럼 감정이 따라주지 않았다. 그날 이후부터 빗나간 해저 지구판처럼 위장이 비틀리고, 메스껍고, 우울하고, 슬프고, 아득했다.

후배 나 인생 폐품 됐어, 형.

나 이왕 폐품 된 거, 한바탕 구겨지는 소리라도 질러보지 그래.

후배 그럴까?

나 그럼, 그런 사람은 너의 저주와 악담의 늪에서 허우적거리며 여생을 보내야 하지 않겠어?

후배 이야, 말만 들어도 통쾌하네.

나 그렇지? 통쾌하지? 어차피 일감도 없을 텐데, 내일 회사에 가거든 모니터에 계속 사장을 향한 저주와 악담과 환멸과 20여 년간 헌납한 청춘과 간혹 덜 채워진 급료와 사장 추모비, 사장 추도사, 사장한테 인간적으로 남기고 싶은 말⋯ 이런 거, 실컷 써봐. 모니터에 두두두두 써 갈기고, '저장 안 함' 엔터키 한번 누른 후 또 쓰기 시작하라고. 가끔 사장실 한 번씩 노려보는 것도 잊지 말고!

성실한 후배는 그렇게 닷새를 계속했다. 온종일 사장실을 바라보며 빈 모니터를 채우고 '저장 안 함, 엔터 탁!'을 거듭했다. 그러는 동안 후배는 기적을 경험했다. 첫날의 감정과 둘째 날 감정의 온도차를 느꼈다. 셋째 날과 첫날의 온도차는 너무나 커서, 사장의 고충이 후배 가슴에 들어오는 것 같은 경험을 했다. 넷째 날은 사장이 가련해지고, 다섯째 날은⋯. 결국 무슨 일이 벌어졌을까? 그는 놀랍게도 사장에게 '그동안 진심으로 미안했다'고 말하기로 마음 먹게 됐다.

함께 일하는 20여 년 동안 사장도 자기 때문에 외롭고 힘들었을 거란 생각이 들었다. 자신은 창업 초에 몇 년 고생하고, 이후로는 그 공로만 헤아리면서 위세와 기세와 거드름을 피웠음을 깨달았다. 늘 아는 척을 하며 사장 입장을 난처하게 했던 일도 있었다. '이래서 개국공신이 버림받나 보구나.' 그는 모니터를 은폐용 장애물 삼아 납작 엎드리고 싶었다. 다섯째 날, 엄청난 반전이 일어났다. 사장이 그에게 다가온 것이다. "이 상무, 이거 모레까지 기안 좀 해주게나." 후배는 그 직장에서 3년 더 일한 후, 그해 봄에 직원들의 따뜻한 환송을 받았다.

한 인생이 죽음에 이르러 가장 후회하는 건 무얼까? 인터넷에 검색해보면 어렵지 않게 그 답을 찾을 수 있다. 유명한 것 중 하나가 '껄껄껄' 시리즈다. '베풀고 살걸(껄), 용서하고 살걸(껄), 재미있게 살걸(껄)!' 아직 그 상황에 가보지 않았지만 충분히 이해되고 교훈이 되는 내용이다. 그런데 이 내용의 이면을 잘 살펴보면 무엇이 보이는가? 결국 자신과 타인의 욕구에 충실하지 못한 것에 대한 회한이 담겨 있다. 베풂과 용서와 재미.

하지만 이것이 정답이라면 누구나 삶의 끝자락엔 후회하면서 마쳐야 할 것이다. 세상 어떤 권력자나 갑부도 본인이 하고 싶은 모든 행위를 다 하면서 살지는 못한다. 돈도 사랑도 명예도 자신과 타인이 좋다고 해서 무조건 이루어지는 게 아니다. 늘 부족하고 아쉽거나 채우지 못한 무언가가 있게 마련이다. 생의 마지막 숨을 몰아쉬고 있는 큰스님에게 제자 스님이 물었다.

제자 스님　스님, 열반에 이르니 어떠십니까?
큰스님　죽기 싫다.

'홈그라운드 글쓰기'는 **아무리 채워도 채워지지 않은 욕망의 행간을 채우는 작업이다.** 여전히 하고 싶은 말, 남은 감정, 이루지 못한 꿈에 대한 글쓰기다. 그러므로 의식이 흘러가는 대로 글을 쓴다기보다는 '글씨를 흘린다'는 기분으로 쓴다.

징검다리
글쓰기

'징검다리 글쓰기'는 얕은 강물 위에 일정한 간격으로 이어져 놓인 '평돌'처럼, 하나의 주제에 따라 자기의 기억이나 생각을 순차적으로 드러내는 글쓰기를 말한다.

강을 건너려면 다른 대안은 없다. 강물에 듬성듬성 놓인 돌덩이를 딛고 한발 한발 건널 수밖에. 당신의 생각이나 기억에 따라 첫 번째 징검다리, 두 번째 징검다리⋯ 이렇게 하나씩 돌다리를 건너듯 적어가는 글쓰기다. 《몰입》이라는 저서로 유명한 미하이 칙센트미하이Mihaly Csikszentmihalyi의 표현을 쓰자면, 일종의 '몰입적 사유' 방식이기도 하다. 문제를 풀거나 해결하고자 하는 의지도 중요하지만, 주제 하나만 잡고서 일정 기간 동안 집중하는 것이다.

우리의 대표적 수행 전통 가운데 하나는 화두 수행이다. 하나의 언어나 의미를 마음에 간직하고 깨칠 때까지 스승이 주신 '말머리'를 죽어라 하고 숙고하는 수행법이다. 징검다리 글쓰기의 눈높이로 보면, 바로 글의 주제가 화두인 셈이다. 스승으로부터 화두를 받아든 수행자는 걷고, 먹고, 눕고, 말하고, 침묵하고, 일하고 간에 그 '말머리'를 놓쳐서는 안 된다. 가령 '이 뭐꼬'라는 화두를 받았다면 꿈속에서도 '이 뭐꼬'를 잊지 않음으로써, 결국에는 언어라는 관념의 껍데기를 타파하여 본질을 깨우치는 것이다. 징검다리 글쓰기 또한 그와 같이 **일관성 있게 주제에 집중하면서 강 건너기라는 목적을 이루는 글쓰기**다.

'징검다리 글쓰기'와 화두 공부는 그런 점에서 닮았다. 어떤 언어든 의미가 있다면 '징검다리 글쓰기'의 주제가 될 수 있다는 점에서도 비슷하다. 말머리에 따른 구체적 내용을 일관성 있게 이어가면서 당신의 생각이나 기억을 드러낸다는 점도 유사하다. 다만 화두선에서는 수행자가 알아차린 그 기억이나 생각이 '나라고 하는 것의 실체가 아님'을 알고 그 자리에서 버리고 비운다. 이렇게 '드러내어 비우는' 과정을 통해 그동안 풀리지 않고 막연했던 문제가 '아!' 하면서 깨우침을 얻는다.

'징검다리 글쓰기'는 심리학자 캐슬린 애덤스Kathleen Adams가 저서《저널치료》에서 소개하고 있다. 나는 이 글쓰기야말로 생각이 팝콘 튀듯 분분한 사람에게 특효라고 본다. 일관된 생각을 이어가기 어려운 사람, 이야기를 나눌 때마다 번번이 삼천포로 빠지는 사람, 뭔가 일관된 글 작업을 해야 하거나 하나의 주제를 깊이 있게 다뤄야 하는 경우에도 '징검다리 글쓰기'는 묘약이다.

✓ 제목이나 주제를 맨 위에 쓴 다음, 그 주제에 맞는 자기 삶의 기억을 적
   어가되 맨 앞에 일련번호 붙이기
✓ 첫 번호는 반드시 '내가 태어났다'로 쓰기
✓ 주제에 따른 생애 초기 기억부터 현재까지 꼼꼼하게 적기
✓ 주제에 따른 기억을 구체적으로 묘사하기
✓ 기억에 따른 생각이나 감정 적기

나는 길거나 짧은 글쓰기를 할 때도 이 '징검다리 글쓰기'로 워밍업을 하곤 한다. 이렇게 하다 보면 내가 쓰고자 하는 글쓰기의 맥락이 금세 잡힌다. 건물로 말하면 골조 공사를 한 셈이다.

　징검다리 글쓰기의 첫 번째 매력은 '일관성'이다. 강 건너까지 단 한 줄로 놓여 있는 돌다리처럼 글의 전반적인 맥락이 잡혀 있으니 이제 살만 붙이면 되겠다고 생각하게 된다. 두 번째 매력은 추상적 주제가 구체적 사실로 드러난다는 점이다. 가령 '사랑'이라는 주제를 잡았다 치자. 그러면 당신은 맨 먼저 '① 내가 태어났다'를 적는다. 그런 후 당신이 '사랑'이라고 할 만한 사건의 최초 지점을 더듬어본다. 나의 경우는 내 동생이 태어나면서 외갓집으로 쫓겨나 외할머니 품에서 잠들 때, 외할머니의 애틋한 손길이 '사랑'이라고 기억할 만한 첫 사건이다. 세 번째 매력은 나라고 하는 존재의 정체성이 또렷해진다는 점이다. 네 번째 매력은 내 삶을 지탱

하는 여러 주제가 그런대로 중심을 잃지 않고 살아가는 중임을 확인할 수 있다는 점이다. 지금의 삶에 대한 자신감 확보에 도움이 된다.

이쯤 되면 당신 스스로 주제 하나 띄워놓고 삶의 실타래 깊은 안쪽까지 들여다보고 싶은 욕구가 일지 않는가? 여기서는 내친김에 '사랑'이라는 주제를 내놓고 한번 진행해보자.

'사랑'
① 내가 태어났다.
② 동생이 태어나서 외갓집으로 갔다. 다섯 살 무렵, 외할머니 목덜미를 만지작거리며 잤다.
③ 초등학교 2학년 때, 여자 담임 선생님과 눈이 마주치면 피했다.
④ 방상은 선생님이 3학년 담임이었다. 나를 보면 자주 웃어주셨다.
⑤ 초등학교 5학년 때, 이사한 집 인근에 동급생 여자애가 살고 있음을 알았다.
(이하 계속 적기)

지나온 삶의 기억에 이름표를 차례차례 붙여가다 보면 어떤 기분이 들까? 헛된 생각이나 감정이 사라진 자신만의 역사를 캐내는 기분이 들지 않을까? 인류학자처럼 특수 도구를 사용하여 진지하게 자신의 옛 사연을 발굴하여 어깨뼈, 엉치뼈 하면서 자기 삶의 골격을 맞춰보는 즐거움이 있을 것이다. 또한 막연하고 모호했던 인생의 여러 추상抽象에 대한 자신의 경향성을 새삼 발견하는 맛, 미처 모르고 지나쳤던 삶의 위기, 왜 내가 지금 이런 인연들과 살고 있는지에 대한 통찰 등 살아오는 동안 스스로도 알지 못했던 새로운 자신을 만나게 될 것이다.

그 일이 화나는
20가지 이유

뭐, 이런 일이 있을까 싶지만, 집집마다 한두 건씩 애간장을 태우는 사연이 있게 마련이다. 나만 이러는 걸까? 자기도 모르게 주변을 두리번거리거나 흘깃거리는 속내 또한 '애간장 탈 만한 일'이 우리 집에 방금 발생했거나, 미구에 닥칠지도 모를 두려움이 있기 때문이다. '우리 집엔 이런 일 없겠지!' 하는 기원이 있을 수 있지만, 세상에는 예외가 별로 없다. 신은 어느 집에나 크든 작든 유사 사태를 살포함으로써 삶의 공정성과 보편성에 충실을 기하신다. 당신 또한 이런 사연을 들으면, '어라, 이거 우리 집 이야기 아냐?' 하고 중얼거릴지 모른다.

여전히 근육이 팽팽하고 오기가 창창한 오기창이라는 50대 초반의 여성은 남편과 아들딸을 하나씩 두고 있다. 오 여사는 오랜만에 두통약을 먹는다. 정량은 두 알이지만, 세 알을 먹고 나서 두 시간이 지나도 전두엽이 여전히 띵하다. 남편이 들어올 현관에 마음이 표창처럼 꽂혀 있는 탓이리라. 두어 시간 전, 남현동에 사는 시어머니와 통화한 직후, 오 여사는 무슨 이유로 정량 이상의 두통약을 복용하게 됐을까?

> "얘, 며늘애야, 나는 네 덕분에 산단다. 길러놓고 나니 큰아들이고 뭐고 다 소용없더라."

처음에는 이게 무슨 말씀인가 싶었는데, 가만히 복기해보니 뭔가 짚이는 게 있었다. 집에 돌아온 남편을 살벌한 도끼눈으로 기선 제압한 후, 심문에 들어갔다. 남편은 처음엔 시치미를 떼고 버티다가 오 여사의 다그침에 마침내 불기 시작했다. 시어머니 병시중에 필요한 용돈을 두 형제가 매달 40만 원씩 부치기로 했는데, 벌써 3년 전부터 시아주버니 댁은 이 핑계 저 핑계를 대며 끊었다는 것이다. "그게 다야!" 오 여사가 한 번 더 눈에 힘을 주자, 남편은 '2년 전 8월부터 형님 몫까지 자기가 내고 있음'을 자백했다. 순간 오 여사는 자신의 극한 감정에 감전사할 것만 같은 분노를 느꼈다. 그와 함께 며칠 전 시아주버니의 아내라는 여자와 통화를 하다 그들이 유럽 10박 여행을 다녀왔다는 말이 떠올랐다. 오 여사는 허겁지겁 두통약 한 알을 입에 더 털어 넣었다.

'그 일이 화나는 20가지 이유'는 이럴 때 쓰는 약이다. 남편을 없

3 ● 글쓰기명상의 실제

애거나 시댁을 분해하는 것과 같은 통렬한 해결책은 아니지만, 당신의 감정 쪼가리, 기억 쪼가리들을 일렬종대로 줄 세우는 일이다. 당신은 일단 이 사건의 용의자들만 하나하나 떠올리면 된다. 이번 사건의 주범은 누구인가? 당연히 '저 순진한 건지 교활한 건지 모를 남편'이다. 그를 둘러싼 여타 종범은 누구인가? 요것들은 한두 명이 아니므로 일단 '시댁 전체'를 용의선상에 올린다. 이런 종류의 '유사 유전자 알고리즘 사건'의 경우는 가급적 수사망을 광범위하게 잡아서 물샐틈없이 탐문하는 게 기본이다. 이렇게 하면 사건 설정은 끝이다. 그런 다음 '이 사건이 나를 화나게 하는 이유'를 적되, 맨 앞에는 굴비 엮듯이 일련번호를 붙여본다.

그러는 동안 당신은 신기한 현상을 경험할 수 있다. 당신은 이 문제에 관한 한, 관련자들을 모조리 집합시켜서 즉결심판을 하고 싶을 것이다. 그동안 쌓인 포한을 마음껏 표현한들 누가 말릴 수 있을 것이며, 누가 감히 아니라고 할 수 있겠는가? 이 사연을 접한 전국 각지 며느리들의 격렬한 함성이 들리지 않는가? 당신은 친애하는 국민 여러분의 응원에 힘입어 손 글씨를 내갈기거나 손가락으로 자판을 냅다 두들기기만 하면 된다. **내가 왜 분노에 휩싸인 건지, 냉정하게 호흡을 알아차리면서 표출해본다.**

✓ 요즘 자신의 분노나 우울 감정을 건드리는 사연이 있는지 살펴보기
✓ 그 사건에 초점을 맞춰 자기 안의 부정적 감정이 일어나는 이유를 적되 앞에 일련번호를 붙여보기

✓ 가급적 육하원칙을 지키며 이유를 적어보기

✓ 이유를 적어가면서 감정이 어떻게 변화하는지 살펴보기

✓ 차츰 자신이 그를 화나게 할 만한 '의도' 내지 '생각'이 있는지도 살펴서 표출하기

불교에서는 3대 악행 중 하나로 '화(분노)'를 꼽는다. 나는 탐욕과 분노와 어리석음이라는 세 가지 오랏줄에 묶여 살기 싫어서 불교 공부에 뛰어들었다. 뛰어들고 나니 처음에는 심신이 고요해지는 듯해서 좋았다. 하지만 머지않아 문제도 선명해지고, 오랏줄도 선명해지니 고통도 선명해졌다. 더 심각한 사태는 탐진치貪瞋痴의 오랏줄이 바깥뿐만 아니라 마음까지도 고래 심줄처럼 묶고 있다는 사실을 알았을 때였다. 내 안의 관념, 신념, 분노, 우울, 슬픔, 좌절, 충동, 두려움, 근심 따위가 무시로 비죽비죽 삐져나왔다. 돌아가야 하나? 돌아가는 길은 간단했다. 중생의 마을에서 휩쓸려 살면 그만이었다.

그때 어떤 일로 '그 일이 화나는 20가지 이유'를 적어볼 기회가 있었다. 이것이라도 하지 않으면 큰일이라도 저지를 것 같은 심정이었기에, 나는 종이와 펜을 꺼내 적었다. 화가 나는 이유에 일련번호를 매겨가면서. 그렇게 일련번호를 매길 때는, 상대의 이마에 총 한 방씩 쏴대면서, 네가 왜 내 총알맛을 봐야 하는지 큰 소리로 집행 이유를 불러주는 심정이었다. 여기서는 오기창 여사의 사연을 그녀의 속내로 들어가 풀어보자.

① 당신도 역시 내 편이 아니라는 사실을 적나라하게 확인한 게 화가 난다.
② 이제 당신의 숨소리도 믿을 수 없을 것 같아서 화가 난다.
③ 당신과 당신 가족 전체가 나를 따돌렸다는 게 화가 난다.
④ 당신이 여전히 형님한테 눌려 사는 것 같아서 화가 난다.
⑤ 이런 사람과 살아야 하는지, 때아닌 고민에 휩싸이는 게 화가 난다.
⑥ 시어머니도 나를 속이면서 눈치 보고 있었다는 게 화가 난다.
⑦ 내가 바보 천치 같은 모습으로 보인 게 아닌가 싶어서 화가 난다.

이게 정말 자기 일이라면, 얼마나 적어갈 수 있을까? 이런저런 사례로 보건대 생각보다 적을 게 많지 않을 것이다. 나의 분노는 식칼이라도 쥐고 망나니 춤을 출 것 같았지만, 막상 내 분노 덩어리를 수제비 반죽 떼어내듯 해보니, 처음 생각과는 달랐다. 이상하다. 이렇게 무게감이 확 떨어지다니. 이건 마치 정육점에서 꽤 묵직한 고깃덩이를 사다가 썰어놓으니 접시 바닥에 겨우 깔리는 형국이라고나 할까. 접시 바닥에 얄팍하게 깔린 나의 분노 쪼가리를 가만히 살피다 보니, 문득 나비 떼가 떠올랐다. 왜 하필 나비 떼 생각이 불쑥 났는지 지금도 아리송하다. 그때 무언가 훨훨 날아간 기분이 들긴 했었다.

No. 22

고백문
쓰기

누구에겐가 고백해본 적이 있는가? 고백은 억눌러놓은 비밀의 범람이거나 의도적 호출이다. '고백문 쓰기'는 내면의 언어 범람을 조절하는 '호수 만들기'와 같다. 내면의 어둠 속에 감금해뒀던 어떤 기억이 빛을 보는 사건이다.

　그렇다면 우리가 자신의 기억이나 경험을 감금해두는 이유는 무얼까? 아마도 그것이 공개되면 자신이나 타인에게 큰 위기가 닥친다고 믿기 때문일 것이다. 내적인 위기도 위험하지만 사회적·인간적 고립감이 더 큰 위협일 것이다. 하지만 반전도 있다. 자신의 고백이 아닌 타인의 고백을 듣는 것은 쾌감과 전율을 들깨운다. "너한테만 하는 말인데 말이야…"라는 말을 듣는 순간, 육중한 고기 떼를 끌어올리는 안강망처럼 모든 신경선이 그의 입 쪽으로 징발되는 느낌을 기억하는가?

세상에 비밀 없는 사람이 있을까? 누구나 다 신체 깊은 곳의 췌장이나 비장처럼 자기만의 비밀 한두 개쯤 내면 깊숙이 간직하고 산다. '비밀'은 응축된 에너지여서 스스로도 알아채기 어렵게 숨어있기도 한다. 그래서인지 자신에겐 비밀 따위는 없다고 큰소리치는 사람도 종종 보인다. 비밀은 어떤 면에서 자기 모순적이다. 숨어있으면서 가장 숨어 있기 싫어하는 이율배반적 에너지다. 비밀은 폭발물처럼 늘 '터지는 순간'을 꿈꾼다. '터지는 순간'의 폭발력은 수류탄의 성질을 닮았지만, 불발의 확률은 수류탄보다 훨씬 높다.

"너한테만 하는 말인데 말이야…"라고 속살대는 당사자의 신경선은 또 어떨까? 그 또한 아득한 유폐의 어둠을 발설하는 말 에너지에 두려움과 후련함 따위의 감정이 뒤섞여 있기 일쑤다. 불현듯 정체를 드러내는 누군가의 비밀은 때로 법에 위배되거나 도덕적으로 문제가 되기도 한다. "임금님 귀는 당나귀 귀"를 외친 그 누군가는 비밀의 발설에 자기 목숨을 걸었다.

발설은 그런 것이다. 타인의 것이건 자신의 것이건, 비밀을 내뱉는 이는 으레 뭔가를 '각오'해야 한다. 자신의 입말이 세상을 떠돌고, 그 발설자가 자신임이 드러났을 때 감당해야 할 곤란한 상황을 어렴풋이 짐작하면서도 입을 다물지 못한다. 왜 그럴까? 몸속의 배설물처럼 마냥 고이고 썩히다가는 자기 목숨도 보장하기 어려울 것 같은 절박감 때문은 아닐까? 타인의 깊숙한 비밀을 발설하는 사람의 표정은 대체로 절박하다. 주변을 두리번거리면서, 은밀히

접선하는 스파이처럼 일순간에 훅 던진다. 그런데 흥미로운 사실이 또 있다.

큰일 날 소리라고, 그렇게나 입단속을 하며 쉬쉬거리는 그의 비밀이 헛웃음이 터질 만큼 별일 아닐 때가 있다. '너한테만 하는 말인데 말이야…'라고 해서 온 신경선에 비상을 걸었는데 '에계'가 절로 나오는 경우도 있다. 본인에게만 비밀이고 주변에는 벌써 공공연한 사실이거나 김빠진 뉴스다.

하지만 시시하건 흥미롭건 마음에 숨겨뒀던 비밀을 고백하는 사람의 눈빛을 한번 보라. 고백하는 이의 눈빛은 굶주린 승냥이의 이글거리는 눈빛이라기보다는 깊은 밤 우물 속의 달빛과 닮았다. 스스로 품고 있는 것 같기도 하고 품지 않은 것 같기도 한, 모호한 색깔로 찰랑이는 우물 속 보름달 같은 눈빛이다. '사실은, 음… 그때 그 일은 시환이가 한 일이었어.' 고백하는 사람의 눈빛은 마치 우물이 달빛의 주체가 아니듯 언어의 주체이기를 포기한 상태 같기도 하다. 굳이 그에게 죄목을 붙인다면, '발설욕구 방임죄' 정도 되지 않을까?

인간의 3대 욕구인 성욕, 식욕, 수면욕에 못지않은 발설 욕구는 고백告白이라는 시적 표현으로 면죄부를 받는다. 고백은 늘 그렇듯 위험하다. 더군다나 그동안 꼭꼭 숨겨왔던 자신의 은밀한 비밀을 타인에게 드러내는 언술은 차라리 자백에 가깝다. 손발 묶인 삼손처럼 내면의 철장에서 몸부림치다 탈출에 성공한 숨찬 에너지이기 일쑤다. 믿을 만한 상담자 내지 정신과의사를 찾거나 고해성사를 하는 것이 아니라면, 친구나 지인에게 발설한 고백은 언젠가 비수가 되어 자신의 뒤통수를 때릴 수도 있다. 글쓰기명상에서 '고백문 쓰기'는 그런 우려를 방지하는 데 방점을 찍는다. 고백문 쓰기는 '내면의 언어 범람을 조절하는 호수'라고 하지 않았던가.

글쓰기명상의 매력 중 하나는 '자신이 쓴 글을 그 누구에게도 보여주지 않는다'라는 전제에 있다. 여럿이 모여서 함께 글쓰기를 한다고 해도 공개 발표는 없다. 그래야 발설의 두려움에서 벗어나 자유를 누릴 수 있기 때문이다. 물론 본인이 굳이 발표하겠다고 하면 말리지 않는다. 그런데 '고백문 쓰기'는 거기에 한술 더 뜬다. '쓰고 난 후 즉시 폐기'를 전제로 한다. 쓰고 난 즉시 폐기를 전제할 때, 비로소 당신의 가슴이 열리고, 수십 년간 가둬둔 비밀의 문도 열릴 것이다. 고백이란 그런 것이다. 그런 마음으로 쓰면서도 자신도 모르게 주변을 두리번거린다면, 당신은 분명 핵폭탄급 고백의 글을 쓰고 있다고 볼 수 있다.

✓ 살면서 누구에게도 발설할 수 없었던 이야기를 육하원칙에 따라 작성하기
✓ 자기 내면을 현미경으로 관찰하듯, 삶의 켯속을 밀도 높게 묘사하기
✓ 비행기에서 생애 처음이자 마지막으로 만나는 옆 좌석 승객에게 이야기를 털어놓듯이 솔직하게 작성하기

✓ 자신의 내밀한 비밀을 소설처럼 쓰거나 '전설따라 삼천리'처럼 재구성하여 적어가기

✓ '그 일은 이렇게 시작되었다' 내지 '이제 생각이 난다'로 시작하는 글 작성하기

'고백문 쓰기'는 **당신의 내면에 유폐된 기억의 그림자를 해원**解寃**하는 일**이다. 당신의 정신이 어슴푸레해지면 이내 마음의 창문에 어른거리는 긴 머리의 유령 같은 것. 그와 같은 에너지는 우리 몸에 염증으로 나타나기도 하고, 불안 내지 공황, 우울, 조울, 불면 따위의 정신적 증상으로 나타나기도 한다. 자기 몸의 작은 증세 하나에도 어떤 스토리가 있음을 이해한다면, 당신은 '고백문 쓰기'의 필요성을 이해하는 사람이다.

내 친구 신형택은 발목 관절 부상으로 병상에 눕자 오랫동안 가슴 한편을 짓누르고 있던 한 사연을 주제로 고백문 쓰기를 시도했다. 그가 중학교 2학년이던 시절에 겪었던 일이다. 금방 잊힐 줄 알았던 그 일이 25년이 지나도록 늘 어제 일처럼 마음 한편에 자리 잡고 있었는데, 이렇게 병상에 누운 김에 직면해보기로 했다.

그 일은 교내 학교폭력 문제였다. 형택이 우연히 목격한 사실과 그 사실이 어른들에 의해 왜곡되고 뒤틀리는 과정을 지켜보면서도 끝내 모른 척했던 그의 죄책감과 자괴감은 긴 세월이 흘러도 사라지지 않았다. 이제는 자신도 그 사건의 우연한 목격에서 비롯

된 감정의 굴레를 벗어던지고 싶었다.

그는 펜으로 가급적 또박또박 글씨를 썼다. 고상한 표현이나 미려한 글쓰기, 접속사 따위는 신경 쓰지 않았다. '그 일은 이렇게 시작됐다'로 서두를 열었다. 기억이 끊긴 지점에서는 건너뛰고, 생각이 뒤섞인 지점에서는 펜이 가는 대로 썼다. 그의 고백문 원칙은 '자신이 직접 경험한 사실만 객관적'으로 적기였다. 글쓰기가 만만치 않았지만 포기하지 않고 계속 썼다. 쓰다 보니 무슨 하고 싶은 말이 이렇게 많았나 싶을 정도로 많은 말이 쏟아져 나왔다. 그는 쓰고 찢고, 쓰고 찢고 하면서도 멈추지 않았다. 쓸 때마다 신기하게도 새로운 기억이 떠올랐다. 그 세월 동안 단 한 번도 떠올린 적 없는 기억도 드러났다. 억울한 누명을 쓴 그 친구에 대한 자신의 깊은 심중을 인식하면서 그는 소스라치게 놀랐다. 당시 누명을 쓴 친구가 그 사건만큼은 잘못이 없다는 사실을 알고 있었지만, 그 일이 터지기 며칠 전에 그 친구가 형택에게 무서운 표정으로 으름장을 놓았던 기억이 떠오른 것이다.

'이거였구나.' 25년이 지난 오늘, 형택은 오랜 시간 동안 유적처럼 깊이 감춰져 있었던 진실 하나를 발굴했다. 고백문 쓰기를 하다 보니, 교내 학교폭력 사건이 일어나기 며칠 전 그 친구가 자기를 위협했던 기억이 난 것이다. '그래, 맞아, 이런 일이 있었지!' 그 친구가 형택에게 눈을 부라리며 위협을 가하던 순간, 체격이 왜소했던 형택은 대들지도 못하고 두려움과 수치심으로 범벅이 된 채 돌아섰었다. 그 일로 인한 분노와 적개심이 학교폭력의 당사자도 아닌 그 친구를 어찌어찌하여 궁지에 몰아넣었을 때, 실제 목격자였던 형택이 결국 모른 척하게 만든 원인이었음을 깨달은 것이다. 그가 우연히 목격한 폭력 상황을 있는 그대로 선생님께 한마디만 했어도, 그 친구는 적어도 그 사건과는 아무런 연관이 없음이 밝혀졌을 것이다.

고백문 쓰기는 이렇게 의외의 진실을 드러내기도 한다. 드러난 현상과 내면의 진실 사이에 놓인 간극이 민낯처럼 생경하게 출현했을 때 새로운 상처가 만들어지는 걸까? 아니다. 고백문 쓰기의 과정에서 드러나는 생각과 감정의 변화, 낯선 기억의 드러남은 필연이다. 그것은 25년 전의 기억이 아니라 바로 지금, 고백문을 쓰는 이 순간의 기억이자 사건으로 재생하기 때문이다. 당신은 무겁고 해묵은 허물 하나를 만나서 그동안 깊이 숨어 있었던 분노와 적개심이라는 원인 제공자를 포획하는 성과를 올렸다. 이로 인해 당신의 분노와 적개심이라는, 그동안 부지불식간에 마음의 등뼈처럼 여기고 살았던 그 감정은 이제 새로운 환경을 맞게 됐다.

보내지 않을
손 편지 쓰기

'보내지 않을 손 편지'는 왜 써야 할까? 보내지도 않을 편지를 쓰는 것이 헛된 일처럼 여겨질 수도 있지만, 이 글쓰기야말로 '글쓰기명상'의 원래 정신과 밀접하게 닿아 있다. 첫째는 마음의 대상이 분명하지만 누구에게도 보내지 않는다는 점, 둘째는 자기 내면을 맑은 물속처럼 들여다볼 수 있다는 점, 셋째는 생각이나 기억이나 감정을 '자기' 중심으로 마음껏 전개할 수 있다는 점, 넷째는 수취인이 자신이므로 그에 대한 자기 마음을 스스로 투명하게 읽을 수 있다는 점에서 그렇다.

이 글쓰기는 '수취인이 없다'는 게 중요한 것이 아니라 쓰고 난 후 발송하지 않는다는 게 핵심이다. 가끔 이 핵심 조건이 지켜지지 않는 경우가 벌어진다. 언젠가 40~50대 여성 집단에서 이 글쓰기명상을 진행했는데, 그때 참여했던 한 40대 후반 여성의 사례를 살펴보자. 그 여성은 보내지 않을 손 편지 작업을 하고 나니 애써 적은 내용을 물에 손 씻듯이 치워버리고 싶지 않았나 보다. '그 인간'에게 자신의 분노 섞인 언어와 그동안 알면서도 모른 체했던 일들, 자신도 그에 못지않게 즐겼던 사실 등을 적나라하게 드러냄으로써 복수하기로 작정했다. 그 여성은 '보내지 않을 손 편지'를 쓴 후, 그 편지에 붙은 명칭이 무색하게 흰 봉투에 넣어 실제 우표를 붙여 보내고 말았다. 왜 그랬냐고 물었더니, 복수심과 자기 연민이 뒤섞인 감정에다 쓰레기가 되어버린 자신의 사랑과 결별에 대한 결단을 스스로 끌어안고 싶어서였다고 대답했다.

캐슬린 애덤스는 저서 《저널치료》에서 '보내지 않을 손 편지 쓰기'에 대해 세 가지 이득을 정리한다. 첫째는 '감정 해소', 둘째는 '문제의 완결', 셋째는 '명확성'이다.

그중에서 '감정 해소'는 당신을 격앙시키는 외부 대상에 대한 격한 항의나 성토를 재료로 한다. 목표가 명확하고 선명해서 시시콜콜 스커드 미사일처럼 정밀하게 질러댐으로써 해묵은 감정 찌꺼기를 잘 씻어내는 심리 작업이다.

'문제의 완결'은 미완의 감정이나 사건을 글로써 마무리함을 의미한다. 잇새에 낀 음식물처럼 걸리적거리거나 덜 소화된 문제를 완결 스토리로 정리하는 데 제격이다. 당신의 상상력과 스토리텔링이 결합하면 완결도가 훨씬 더 상승할 것이다.

마지막으로, '보내지 않을 손 편지'가 그 일에 대한 '명확성'을 보장하는 이유는 '글쓰기' 자체의 힘 때문이다. 문자는 정신처럼 흐리멍덩한 상태를 허용하지 않는다. 손글씨는 타이핑보다 한결 더 명확하다. 입말에 비하면 글쓰기는 또박또박 꽂듯이 말하는 격이다. 문자가 흙이나 바위, 나무줄기, 거북 등 따위에 칼로 새기면서 시작되고 발달하고 진화했음을 떠올려보면 금세 알 수 있다. 마음이라는 무형의 현상이 문자화되는 과정에서 생화학적으로 두드러지는 현상은 '집중력'이다. '보내지 않을 손 편지'는 안개 속 같은 내면 상태를 선명하게 드러낸다.

✓ 언젠가 나를 힘들게 한 사람을 겨냥하여 감정 여과 없이 편지 쓰기
✓ 서로 미완의 관계라고 생각하는 사람에게 '마무리 말' 적고 버리기
✓ 과거의 나, 미래의 나에게 지금 이 시점에서 편지 쓰기
✓ 아직 심정적으로 해결되지 않은 사건이나 사람에게 '마무리 말' 남기기
✓ 몸속의 장기나 기관 중 하나를 정해 편지 쓰기
✓ 동물이나 사물을 수취인으로 지명하여 편지 쓰기

편지는 대상이 명확하다는 점에서 다른 장르의 글쓰기와는 결이 다르다. 렌즈에 햇빛을 모으는 작업에 비유할 만한 글쓰기라고 할 수 있다. 헤르만 헤세, 무라카미 하루키, 박민규, 김영하 등 국내외 여러 작가의 글쓰기 비법은 단 한 사람의 독자만을 염두에 두고 쓰는 것이라고 한다. 특히 김영하는 누군가를 떠올리며 연애편지 쓰듯이 글쓰기를 한다고 밝힌 바 있다.

이렇게 세상의 수많은 사람의 마음을 사로잡은 글이 한 사람만을 겨냥한 글일 수 있다니, 살짝 배신감이 들지 않은가? 그런데 '보내지 않을 손 편지 쓰기'는 **한 사람의 독자를 맹렬하게 겨냥하여 쓰고 나서 보여주기를 돌연 취소해버리는 글쓰기다.** 이것이야말로 거리낄 것 하나 없는 상태에서 쓰는 글쓰기가 아닌가? 그동안 평생 타인을 의식하는 글쓰기만을 해왔다면, '보내지 않을 손 편지 쓰기'는 어쩌면 당신의 숨은 재능을 일깨워줄지도 모른다.

'보내지 않을 손 편지 쓰기'는 몸속의 특정 기관을 수취인으로 지명할 수도 있고, 언젠가 앓았던 질병을 대상으로 쓸 수도 있다. 대상은 물론이고 시차, 상상, 관점의 자유로움이 허공처럼 열리는 구조다. 당신은 작가이자 유일한 독자의 지위를 누린다. 가령 과거의 자신에게 현재의 자신이 부치는 '보내지 않는 손 편지'가 있을 수 있다. 다음은 20대 초반, 입영을 앞둔 어느 날의 자신에게 쓰는 사례 글이다.

불안한가. 도대체 뭐가 불안하지? 요즘 군대 괜찮다잖아. 근무가 끝나면 집에 전화도 할 수 있고, 그 흔하다던 구타도 없다잖아. 그런데도 어쩐지 가고 싶지 않은 곳이긴 하지. 친구들과 헤어져 한동안 만나지 못한다는 게 가족을 못 보는 것보다 더 안타까운 건, 비단 자네뿐만이 아닐 거야. 부모 형제야 일단 잡아놓은 물고기? 어디서든 안심하고 기댈 곳이어서 오히려 아무 걱정이 없어. 그런데 친구들은 입영한 즉시 자넬 잊어버릴 것 같거든. 그래서인가. 자네는 어제도 진현이, 승기, 예명이하고 술타령깨나 하더군. 자네 제대 후 15년이 지난 오늘 되돌아보니, 정말 소모적인 걱정이 아닌가? 그렇게 요란한 세리머니를 해대면서 갔는데, 본의는 아니지만 한 달이 멀다고 외출, 외박, 휴가 따위를 줄줄이 받아 나오다니. 나중에는 민망해서 친구들한테 연락도 하지 못했잖아. 여보게나 친구. 이만큼 긴 세월 떨어져 나와서 보니, 기분이 어때?

싫은 사람의
장단점 쓰기

살다 보면, 별다른 이유 없이 '그 사람'이 싫을 때가 있다. 까닭 없는 눈물처럼 슬그머니 닦아내고 싶은 사람, 말 한마디 섞어보지 않았지만 어쩐지 외면하게 되는 사람이 있다. 평소 잘 아는 사이지만 떠올리는 것만으로도 벌레 씹은 느낌이 드는 사람도 있다. 며칠 전 논쟁을 한 뒤로 아예 꼴 보기 싫은 사람도 있다. 내가 왜 이 사람을 계속 만나야 하나 싶으면서도, 막상 만나면 둘도 없는 사이처럼 호들갑 떠는 '불편한 진실'의 대상도 있다.

'나는 왜 싫어하면서도 싫다고 말을 못 하는 거지? 내가 정말 싫어하는 게 맞나?'

'싫은 사람의 장단점 쓰기'에는 내가 왜 그를 싫어하는지 제대로 살펴보자는 의도가 깔려 있다. 그를 싫어하게 된 동기가 무엇이었나? 그를 정말 싫어할 만해서 싫어하는 건가? 나는 그의 무엇을 싫어하는가? 그의 말투, 행동거지, 옷차림, 체취, 걸음걸이 따위가 겹치면서 그에 대한 부정적 감정이 형성됐을 수도 있다. 아니면, 그에 대한 타인의 평가를 자주 듣다 보니 부지불식간에 쌓인 악감정일 수도 있다. 타인의 말이나 소문에 노출된 경우, 그 말을 전하는 이에 대한 신뢰감이나 그와의 권력적 상하 관계, 인간적 교류 정도에 따라 그에 대한 당신의 평가는 흔들릴 수 있다.

'싫은 사람의 장단점 쓰기'는 자신도 미처 모르는 '내면의 진영 논리 드러내기' 작업이기도 하다. 전쟁터의 병사처럼 피아가 명백한 상황이라면, 이런 작업을 해야 할 이유가 없다. 그러나 스스로의 자존과 자율, 자유의 덕목을 소중히 여긴다면 이 작업의 가치는 크다. '내가 왜 그를 싫어하는지' '그의 장점은 무엇인지'를 통찰함으로써 그에 대한 부정성이 어떤 동기로 형성됐고 왜 그를 마음의 적군으로 치부하는지, 치밀하게 비춰보는 일이기 때문이다. 요컨대 **자기감정의 주인이 되는 작업**이기 때문이다.

　이를 통해 당신은 싫은 사람에 대한 마음의 원인이 자신의 오해나 결핍, 트라우마에서 기인했음을 발견할 수도 있다. 숨넘어갈 듯 힘들었던 어린 시절의 자기 자신과 만날 수도 있다. 증오와 무력감, 좌절, 수치심 따위의 부정성 집하장과 같은 어느 한 시절과 대면하게 될지도 모른다.

'그 싫음의 원인이 나였구나.'
'그 시절 내 상처가 투영된 것이었구나.'

이런 글쓰기를 통해서 마음의 적군敵軍이 자기를 자각하는 매개체일 뿐이라는 사실을 확인한다면 삶은 그만큼 가벼워지지 않을까? 이 감정이나 문제에 대한 원인 제공자가 자신이 아닌 타인이라는 생각에 묶여 있을 때, 당신의 삶은 그만큼 무거울 수밖에 없다. 당신은 지금 그 무거운 짐을 내려놓을 수 있는 기회를 만났다.

✓ 자신이 현재 알고 있는 사람 중에서 싫은 사람, 좋은 사람, 싫지도 좋지도 않은 사람 분류해보기

✓ 싫거나 거부감이 드는 한 사람을 떠올려보고, 그의 표정, 태도, 말투, 걸음걸이, 웃음소리, 그가 한 말 등을 세세히 적어보기

✓ 싫은 사람의 장단점, 인상착의 등 그에 대해 알고 있는 사실과 그의 어떤 행동이 나를 불편하게 했는지, 그의 어떤 모습이 싫은지 등 구체적인 내용을 제삼자의 시점에서 적어보기

✓ 싫은 사람이 내 기억 속의 어떤 사람과 비슷한지, 어떤 시기, 어떤 상황 등과 겹쳐지는지 하나씩 적어보기

✓ 그와 함께 경험한 부정적 사건이나 상황을 떠올려보고, 그 일에 대한 평가를 주관적으로 적어보기

이쪽저쪽 편 가르기를 하는 자신의 감정선은 돌쇠처럼 재빠르고

3 ● 글쓰기명상의 실제

충직하다. 그럴 법도 하다. '좋고 싫음'이라는 느낌은 불교적 관점에서 보면 불가결한 '윤회'의 한 축이다. 좋고 싫고의 느낌은 생명 탄생기부터 세포 하나하나에 유포된 천부적 분류 감정이다. 갓난아기도 싫거나 낯선 감각은 밀어내려 한다는 사실이 밝혀졌다. 유전 공학이나 뇌 과학의 관점에서도 '좋고 싫음'은 유전자의 흐름을 타고 이어져 내려온다. 좋고 싫음에 대한 분별심은 생명체로서 실망할 일이 아닌 것이다. 자기 탓도 아니다. 굳이 따지자면, 현생 인류로 진화하는 과정에서 파충류의 뇌 시절부터 전해 내려온 핏줄 탓이고 조상 탓이다. 그들은 그런 '느낌'에 따라 맹수를 피하고, 적을 피하고, 재해를 피해 살아남았다.

수십만 년 전 조상의 돌도끼를 지금도 사용하는 사람은 없다. 그런데도 돌도끼 시절의 원초적 감정을 휘두르는 사람이 적지 않다. 상대의 생각이 자신의 철학과 맞지 않으면 즉시 싫은 사람, 불온한 사람으로 분류하고야 마는 내면의 돌도끼. 이 케케묵은 원시 감정의 화신이 되어 먼 조상의 춤판과 접신된 상태를 우리는 전쟁이나 불화라고 명명하는 게 아닐까?

잘 살펴보면, 좋고 싫음의 감정은 회색처럼 모호할 때가 잦다. 사회적 쟁점에 대한 친구와의 논쟁에서 가끔 듣는 말이 있다. "왜 싫은지 설명이 필요해? 싫으면 싫은 거지. 나는 그냥 싫어!" 이처럼 감정의 배설 같은 말을 함부로 '내던지는' 친구는 싫기도 하고 좋기도 하다. '어떤 사안'에 대한 '일도양단식 무관용'에 거부감이 들기도 하고, 단순, 직설, 담백의 언어를 '내던져도' 되는 친밀한 관계라는 사실에 위안을 얻기도 한다. 어찌 보면, 이런 양가감정의 교직이 오래 묵은 인연의 특성이 아닐까? 내 인간관계의 대부분이 회색 같은 모호함이라니. 내 안의 자괴감을 주시하면서 이런 질문을 다시 해본다.

"당신이 싫어하는 사람을 타인들도 모두 싫어합니까?"
"당신이 싫어하는 사람을 타인들도 모두 싫어한다는 근거가 있습니까?"
"당신의 좋고 싫은 감정은 향후 얼마나 지속됩니까?"

관점 바꿔 글쓰기

'관점 바꿔 글쓰기'는 당신이 잠시 조물주가 되는 글쓰기 기법이다. 비록 세상 만물을 창조하는 존재가 아니더라도, 당신은 하나의 사안을 두고 다양한 관점을 적용함으로써 낯선 생각과 의미를 창조하게 된다. 관점을 바꿔본다는 것은, 당신이 다른 사람이나 물건이 돼보는 것과 같은, 삶의 탄력성과 모험성과 창의성을 열어젖히는 일이다. 《관점을 디자인하라》의 저자 박용후는 관점 바꾸기에 대해 "보이지 않는 것들을 보고, 들리지 않는 것들을 듣고, 느껴지지 않는 것들을 느낄 수 있는 비결"이라고 설명한다.

이 글쓰기는 '자아'의 소멸을 추구한다는 점에서 **에고를 죽이고 상대의 입장에서 자아를 활짝 열어보는 공감력 확장 과정**이다. 당신이 자신을 떠나 그 사람이나 사물이 되는 사건이기 때문이다. 이런 변환에 익숙해지면 상대에 대한 공감이나 수용 근육이 튼튼해진다.

당신을 섭섭하게 했거나 상처를 준 사람의 입장에서 자신을 되돌아보는 근육 강화 훈련인 셈이다.

관점에 관한 불교 명상적 체계가 있다. 불교는 소위 '나라고 하는 것'을 다양한 관점에서 조망해보는 일에 공부의 중심을 둔다. 불교 명상은 모든 존재와의 연결성이라는 관점에 방점을 찍는다. 눈으로 보기에는 분리돼 있지만, 사람의 깊은 의식 속에서는 얽혀 있는 나무뿌리처럼 당신과 나, 그 어떤 것도 본질적으로 분리돼 있지 않다는 연기緣起에 대한 통찰을 드러내는 학문이기도 하다. 정신분석학자 카를 구스타프 융Carl Gustav Jung의 이론에서도 엿보이는 연결성과 전체성 논의는 현대 양자물리학을 통해서도 실질적이고 이론적으로 뒷받침된다.

그런데도 우리 삶 속에서 관점 바꾸기가 쉽지 않은 이유는 무얼까? 변명할 만한 사유가 없는 것은 아니다. 모처럼 갖게 된 귀중품을 빼앗길 위기에 처한다면, 당신의 관점은 귀중품에 얽매이기 쉽다. 이 문제는 고도로 문명화된 현대인의 삶을 '귀중품'으로 대체하면 분명해진다. 우리는 알게 모르게 이와 같은 문명 의식을 내면화해왔다. 자본주의 사회에서 '물질과 속도'라는 귀중품은 사회적 존재로서 인간계의 기본 바탕이 된 지 오래다. 다행히도 20세기 후반을 거쳐 21세기에 들어서면서 반동적이고 날카로운 질문의 서슬이 예사롭지 않다. 질문의 요지는 이것이다. '물질과 속도'

가 인류를 구원하는 귀중품이 맞는가?

'느림과 평정과 죽음'에 대한 조망은 자본주의 사회가 내면화했던 집착과 과잉이 불러일으킨 위기감 속의 화두다. 이것은 자아 성찰적 삶을 기본 지표로 삼는다. '글쓰기명상' 또한 '느림과 평정과 죽음'의 실천이기도 하다.

그렇다면 당신의 마음은 지금 어느 언어 쪽으로 기우는가? '속도와 물질'에 대한 순응 쪽인가, '느림과 평정과 죽음' 공부 쪽인가? 관점을 바꾼다는 것은, 이와 같은 시대적 거대 담론을 직시하며 삶의 진정한 방향성을 탐색하는 시간이기도 하다. 하지만 자신을 중심으로 한 사소한 사안부터 연습하길 권한다.

✓ 나를 '당신'으로 바꾸어 일기나 메모 작성하기
✓ 나를 '그' 혹은 '그녀'로 바꾸어 일기나 메모 작성하기
✓ 나를 화나게 한 그 사람이 되어 나에게 항의하는 글 작성하기
✓ 당면한 문제가 있다면, 그 문제를 의인화한 글 작성하기
✓ 나를 다른 사물이나 하늘의 입장으로 바꿔서 나 자신에게 전하는 글 작성하기
✓ 내가 기르는 반려동물이 되어 나에게 따지거나 이의를 제기하는 글 작성하기
✓ 지나간 삶의 어느 한 시점을 의인화하여 지금의 나에게 전하는 글 작성하기

✓ 죽음을 한 시간 앞둔 시점으로 가서 지금의 나에게 유언하기

'관점 바꿔 글쓰기'는 막연한 생각 만들기나 상상하기와는 다르다. 마음의 흐름을 문자로 드러내는 작업이기 때문이다. 손에 펜 따위를 쥐지 않고 생각만으로 실행하는 방법이 없지는 않다. 그냥 입장이 바뀐 상황을 상상해보는 것이다. 그런데 생각이나 상상만으로 그의 입장이 돼보는 것은 강한 정신력과 훈련을 요한다. 그런 훈련에 숙달돼 있으면 상관없지만, 자칫하면 자신의 입장이나 변명을 강화하면서 관찰의 객관성을 놓칠 우려가 있다. 이런 경우 잘 나타나는 현상이 있다.

> "내가 그 인간 입장을 모르는 게 아니라고. 나도 다 해본 일인데 왜 모르겠어!"

'관점 바꿔 글쓰기'는 '내가 모르는 게 아닌 그 사람 처지' 속으로 글로나마 직접 들어가보자는 것이다. 그것은 생각만으로 수영을 해보는 것과 물속에 풍덩 뛰어들어 어푸어푸 허우적거리며 수영을 해보는 것만큼의 차이를 불러일으킨다.

뭔가를 문자화하는 것은 뭔가를 마음에 음각화로 파놓는 것을 의미한다. 지금의 사유를 문자화함으로써 자신이 어떤 관점을 유지하고 있는지 두고두고 들여다볼 수 있다. 당신 마음의 일관성과 지속성과 심화성을 보장할 수 있는 장점도 있다. 당신은 어휘 하나를 쓴 후에도 멈춰 서서 돌아볼 수 있다. 관점 바꾸기의 상대가 만

약 사람이라면, 평소 그의 말투, 표정, 태도, 습관 등을 계속 떠올리면서 자유롭게 적어간다.

당신은 이와 같은 글쓰기를 하는 동안 의식이 전환되는 경험을 할수 있다. 자기 자신을 떠나 타인이 되거나 제삼자의 입장이 되거나 이해 당사자의 입장이 되기도 한다. 그런가 하면, 자칫 자신이 '쓰고자 하는 대상'에게 동화되기도 한다. 상대의 입장과 나의 내면이 겹쳐지는 현상이다. 이렇게 되면, 대상과 자신이 동일시돼 있음을 미처 알지 못하거나 생생하게 알아차리면서 글쓰기를 하기도 한다. 제삼자가 된 자신이 나 자신과 동일시됐다가 다시 빠져나와 제삼자의 관점이 되는 모습을 상상해보라.

그와 당신 의식의 공명 현상이 일어남으로써 당신이 그의 마음을 적고 있는 것 같기도 하고, 그가 당신의 마음을 훔쳐보는 것 같기도 한 경험을 할 수도 있다. 그의 생각이나 태도가 당신의 의식 안으로 들어와서 공명할 때, 당신은 미처 알지 못했던 그를 만난다. 벽처럼 불투명했던 그의 마음이 자신의 내면으로 고스란히 옮아왔음을 강하게 느끼기도 한다.

아래는 형과 동생 그리고 할머니의 관계 속에서 한 사건을 두고 '관점 바꿔 글쓰기'를 한 내용이다.

• 내 입장에서 쓰는 1인칭 글쓰기('나'의 시점에서 쓰는 글)

내가 라면 그릇에 젓가락을 넣는 순간 형의 알밤이 날아들었다. '텅!' 하는 소리와 함께 정신이 멍해졌다. 순간 공포감이 몰려왔고 왈칵 눈물이 쏟아졌다. 내 머리 위에서는 씨근덕거리는 형의 거친 숨소리가 들려왔다. 나 역시 몹시 화가 났다. 라면 한 젓가락 좀 먹었기로서니 이렇게 심하게 굴다니. 형도 걸핏하면 내 것을 뺏어 먹으면서…. 정말 기분 나쁜 날이다.

• 나를 2인칭 화자로 관점 바꿔 글쓰기('너'의 시점에서 쓰는 글)

네가 라면 그릇에 젓가락을 넣는 순간이었다. 갑자기 형의 알밤이 머리통을 때렸다. '텅!' 하는 소리와 함께 너의 정신이 멍해졌다. 공포감이 몰려왔고 너는 왈칵 눈물을 쏟았다. 네 머리 위에서는 씨근덕거리는 형의 거친 숨소리가 들려왔다. 너는 아파서 눈물을 흘리면서 고개를 들지 못했다. 형의 알밤이 또 날아들 것 같았다.

• 나를 3인칭 화자로 관점 바꿔 글쓰기('그'의 시점에서 쓰는 글)

그가 라면 그릇에 젓가락을 넣는 순간 형의 알밤이 날아들었다. '텅!' 하는 소리와 함께 그의 정신이 멍해졌다. 공포감이 몰려왔고 그는 왈칵 눈물을 쏟았다. 그의 머리 위에서는 씨근덕거리는 형의 거친 숨소리가 들려왔다.

• 나를 제삼자의 입장으로 관점 바꿔 글쓰기('할머니' 시점에서 쓰는 글)

철이 저 녀석이 또 형한테 맞을 짓을 했다. 학교에서 돌아온 형이 배가 고파 라면을 끓였는데, 형이 잠시 화장실에 간 틈에 젓가락질을 한 것이다. 머리통 맞는 소리가 거실에서도 들릴 정도였다. 형이 라면 끓일 때는 거들떠보지도 않더니, 얄미운 짓을 하고 형에게 당한 것을 보니 내심 고소하다.

• 나를 이해 당사자의 입장으로 관점 바꿔 글쓰기('형'의 시점에서 쓰는 글)

철이 쟤는 왜 그러는지 모르겠다. 라면을 끓이면서 너도 먹을 거냐고 물어볼 때는 대답도 안 하더니만, 결국은 얌통머리 없는 짓거리를 또 하고 만다. 라면을 다 끓여놓고 내가 잠시 화장실에 다녀온 동안에 잽싸게 젓가락질을 한 것이다. 라면이 아까워서가 아니라 하는 짓이 너무나 밉살스럽다. 순간적으로 화가 치밀어 녀석의 머리통을 주먹으로 내갈겼지만, 지금은 내가 심했다는 생각이 든다.

나의 어느 날
사건 취재 수첩

'나의 어느 날 사건 취재 수첩'은 생애에서 기억할 만한 기억의 카드를 찾는 일부터 시작한다. 크든 작든 기념할 만하거나 지금도 이승의 원귀처럼 자기 내면에서 떠도는 사연이 있다면 소재로 제격이다. 그런 소재에 제목을 달고 신문 기사처럼 객관적으로 뼈대만 진술해보는 작업이다. **주관적 생각이나 감상은 의도적으로 배제해보는 글쓰기다.**

시골집 액자 속 색 바랜 사진 같은 사건을 막상 기사화하려다 보니 효용성이 떨어져 보일 수 있다. 하지만 이 글쓰기를 해보면 미처 모르고 넘겼던 자기 삶의 갈피가 환하게 열리는 경험을 할 수도 있다. 당신의 오늘 이 순간과 그 사건 사이에 보이지는 않지만 채워야 할 공간이 있음을 깨닫게 되기도 한다. 옛 기억 속 사진 같은 다음과 같은 사건을 들여다보자.

고등학교 2학년 때 어느 봄날, 그는 가출을 감행했다. 책가방 대신 여행 가방을 어깨에 둘러메고 마당에 서서 어머니한테 말했다. "학교 다녀올게요." 샘가에서 무언가 씻고 있던 어머니는 아들을 쳐다보지도 않고 대답했다. "응, 늦겠다. 어서 가라." 대문 경첩이 삐걱거리는 소리가 신경에 거슬렸다. 그는 어깨를 구부려 쪽대문을 빠져나와 문을 천천히 당겨 닫았다. 쪽대문이 닫히기 직전 샘가에 앉아 있는 어머니 등허리 쪽에 시선이 스쳤다. 어머니의 앉은 모습은 닦지 않고 내버려둔 장독 같았다. 학교 가는 버스를 타려면 동네 병원 간판이 보이는 오른쪽으로 꺾어 걸어야 했지만, 그는 왼쪽으로 꺾었다. "어디 가냐?" 친구들이 서둘러 걸으면서 건성으로 물었다. "응, 나, 가출 중!" 그는 담담하게 대답했다. 친구 중 한 녀석은 "파이팅!" 하고 엄지손가락을 들어 올리더니, "학교에서 보자"라면서 비웃었다.

우리 삶의 책갈피를 잘 넘겨보면 말라붙은 단풍잎 같은 사연이 여기저기 끼어 있다. 어차피 삶이라는 건 크고 작은 사건으로 이루어지는 나날의 연속으로, 지금도 당신을 둘러싸고 깨알 같은 사연들이 연이어 일어나고 있다. 우리 삶이라는 게 그 깨알 같은 일의 돌멩이들이 쌓이면서 만들어진 우물 같기도 하다. 어릴 적에는 그 우물에서 올려다보는 하늘이 세상 하늘의 전부고, 그 속에서 배운 것이 가르침의 전부고, 그 속에서 만난 벗과 친지가 인연의 전부다. 언젠가 당신은 '그런 대롱 같은 우물 속에서 계속 살 것인가, 뛰쳐나올 것인가?' 하는 내면의 질문을 받게 된다.

누군가는 우물에서 뛰쳐나와 세상을 향해 자신의 존재성을 드높이는 선택을 한다. 그것은 인간의 기본 욕구로 지극히 정상일 뿐만 아니라 당연한 처사다. 당신은 그런 욕망 때문에 세상에 태어났을 터다. 타인의 인정을 받으려 하는 욕구는 천부적 생존 행위다. 엄마에게 인정받지 못하는 젖먹이를 상상해보라. '인정욕구'는 어쩌면 이 세상에 당신이 탄생한 결정변수라고 할 수 있다. 그 욕구로 인한 수많은 행위가 발생한다. 사회신경과학자 김학진은 저서 《이타주의자의 은밀한 뇌구조》에서 사회적 선행마저도 실은 '생존의 가치를 높이고자 하는 행위'라는 측면이 있음을 설파한다. 당신은 누군가에게 인정받기 위해 태어난 사람인가? 당연히 그렇다.

그런데도 자기 삶을 제삼자의 관점으로 냉정하게 취재해봐야 하는 이유는 무얼까? 강한 인정욕구는 자기 비하나 자존감 저하를 유인하고, 깊이 감춰진 인정욕구는 자기희생과 사회 혐오 등으로 드러날 수 있기 때문이다. '나의 어느 날 사건 취재 수첩'은 이런 불균형에 대한 객관적 조망이기도 하다.

✓ 아직 감정적으로 해결되지 않았거나 여전히 모호한 기억으로 남은 일들을 '작은 카드'에 신문 기사처럼 육하원칙으로 적어보기
✓ 오늘 아침부터 지금까지 있었던 일 가운데 사건이라고 할 만한 내용을 하나 발췌하여, 신문 기사처럼 제목을 붙이고 취재 형식으로 적어보기
✓ 아직 오지 않은 어느 날 사건에 자신의 기대나 기원 등을 섞어 건조하고 극사실적으로 작성하기

지금까지 기사체 글쓰기를 해본 적이 없는 사람이라면 '이 단원은 나하곤 상관없겠군'이라고 생각할 수도 있지만, 그건 판단 오류다. 기사체 글쓰기 경험이 없다면 오히려 다행이다. 당신은 '기사체' 방식에 영향을 받지 않은 상태이기 때문이다.

기사체 글쓰기에서 가장 중요한 덕목은 '헤드라인 찾기'다. 제목을 왜 맨 먼저 달아야 할까? 신문이나 인터넷 기사에 대한 당신의 태도를 돌아보면 금세 알 수 있다. 당신 또한 제목만 읽고 넘긴 기사가 허다하지 않은가? 그런 점에서 '기사 제목'은 필수다. 제목을 다는 순간, 당신은 기사 내용의 전체 그림을 무의식중에 그린 셈이다. 가령 당신이 아침에 일어나 물을 마시려다 컵을 깨뜨렸다면, '아침부터 사고 치다'라는 제목을 달 수도 있다. 제목은 독자의 호기심을 유발하는 밑밥이지만, 글쓰기명상은 독자가 없는 기사체이므로 자기 마음대로 달아도 상관없다. 이왕이면 간결하고 핵심 내용이 담겨 있으면서 흥미를 유발하는 제목을 창작해보라.

제목 다음으로 중요한 것이 기사의 첫 문장이다. 제목에 낚인 독자도 처음부터 다 읽을 생각으로 기사에 눈길을 주는 게 아니다. '제목은 흥미로운데, 무슨 이야기지? 첫 줄만 읽어보면 대충 알겠지' 하는 생각으로 첫 문장을 읽어가게 마련이다.
첫 문장에서는 어지간하면 육하원칙을 준용할 필요가 있다. 하지만 현실에서는 '누가, 언제, 어디서, 무엇을, 어떻게, 왜'라는 여섯 가지 요소를 첫 문장에 욱여넣기는 간단치 않다. 더군다나 혼자 읽고 말 기사가 아닌가. 첫 문장에 여섯 가지 요소를 모두 넣다 보면 오히려 가독성을 떨어뜨릴 수도 있다. 기사체 문장이라고는 하지만 '3하 내지 4하 원칙'을 활용해보자. 부담을 한결 줄일 뿐만 아니라 간결한 문장 호흡을 유지할 수 있다.

제목: 모범생의 가출
20**년 5월 24일경, 고등학교 2학년생 박 아무개 군은 본인의 책상 서랍에 자퇴원을 써놓고 아침 등굣길에 가출한 것으로 드러나, 가족과 선생님, 친구들을 놀라게 했다. 그날 저녁 늦게까지 소식이 없어서 박 군의 방에 들어간 아버지 박 모 씨는 평소와는 다르게 잘 정리된 박 군의 방을 이상하게 생각, 서랍에서 박 군이 남긴 학교 자퇴서를 발견함으로써 가출한 것을 알게 됐다. 박 군의 가출 동기는 아직 밝혀지지 않고 있다. 동민이, 종석이 등 학교 친구들에 따르면, 최근 치른 중간고사에서 성적이 떨어져 '집에서 엄마 등쌀에 견디기 힘들다'라고 투덜거린 적이 있다고 한다. 하지만 이는 유추일 뿐, 박 군이 급작스레 집을 떠난 이유는 아직 밝혀지지 않고 있다.

성취문 쓰기

'성취 연설문, 성취 소설 쓰기'는 당신의 성공 환경을 내면에 각인하는 기술이다. 원하는 것의 퍼즐을 하나씩 맞춰가며 무의식에 저장하는 글쓰기다. 이 내용이 특히 중고등학생에게 알려지고 실행되기를 바라는 이유도 여기에 있다.

《시크릿》이란 책을 읽어봤거나 적어도 그 제목 정도는 들어본 이가 많을 것이다. 이 책에는 '수 세기 동안 단 1%만이 알았던 부와 성공의 비밀'이라는 부제가 달려 있다. 자신이 원하는 결과를 간절히 바라고, 그것이 이루어진 광경을 자나 깨나 생생하게 그리면 성취된다는 내용이다. 이 책은 세계적인 베스트셀러였다.

그런데 종양학자이자 암 전문의인 칼 사이먼튼O. Carl Simonton은 이런 의미가 아니라고 손사래를 쳤다. 그에 따르면, 미래의 좋은 결과에 초점을 맞추면 '현재 그것 없음'을 반복적으로 각성하게 되어, 오히려 일이 그릇된 방향으로 흘러간다. 소위 '반시크릿'이라는 별칭이 붙은 이 주장은 일의 '과정'을 충실하고 생생하게 그려보고 실행하는 것을 대안으로 제시한다. 그는 실험 사례 등을 통해 자신의 가설을 입증했다. 결과보다는 과정을 생생하게 그리면서 하나씩 실천해나갈 때, 원하는 것을 얻을 확률이 훨씬 높다는 것이다.

논의의 핵심은 자명하다. 과정 중심인가, 결과 중심인가? 자신의 마음을 살펴 직설하면, '과정'이라는 것은 생각만으로도 까탈스럽고 복잡하다. '공주와 왕자는 결혼하여 깨가 쏟아지게 잘 살았다'는 식의 결과에 집중하는 것이 편하고 기분이 좋다. '험한 폭풍우, 적의 모략과 술수, 산적이나 맹수들과 목숨을 걸고 싸우며 공주를 찾아가는' 과정을 그리는 것은 상대적으로 복잡하고 귀찮다. 사이먼튼은 바로 거기에 허점이 있음을 지적한다. 쉽고 가볍고 깔끔한 상상 틈틈이, '이렇게 안 되면 어떡하지?'라는 매우 합리적인 의심이 당신의 무의식 속에 동지섣달 문풍지 뚫는 칼바람처럼 꽂힌다는 것이다.

　'성취문 쓰기'는 이런 의심을 극복하고, '시크릿'과 '반시크릿'을 모두 보완하는 방법이다. 다음과 같은 글쓰기를 해보면 가슴에 따뜻한 울림을 경험할 수 있을 것이다.

✓ 자신이 원하는 일 하나를 제목으로 정하고, 그 목적지를 찾아가는 동안 일어날 수 있는 일을 낱낱이 적은 다음, 원하는 것을 모두 성취한 자신의 모습을 그리면서 후배나 지인들에게 낭독할 연설문 작성하기

✓ 원하는 결과를 이루었을 때 터져 나오는 환호성, 감탄사, 듣고 싶은 칭송을 생생하게 적어보고, 그 과정에서 자신의 일을 방해하는 사람이나 조건의 이름을 하나 만든다. 그 사람 혹은 그 조건과 대결하거나 타협하면서 문제를 하나하나 헤쳐가는 자신의 이야기를 차근차근 적어보기 (이른바 성취 소설 쓰기로, 대화나 지문 등을 적절히 배합할 수도 있다.)

✓ 스티브 잡스의 스탠퍼드대학교 졸업식 연설문 등 세계적으로 유명한 연설문에 자기 이야기를 대입해 재구성한 뒤, 당신의 일이라면 무조건 축복해줄 사람들이 단상에 선 당신을 자랑스럽게 쳐다보는 광경을 상상하면서 적어보기

내면화는 우리의 감각기관으로는 감지하기 어려운 심리적 에너지가 은밀하고 반복적으로 쌓이면서 의식의 깊은 곳에 뿌리내리는 것을 의미한다. 그런 점에서 본다면 사회의 풍습이나 윤리, 규범과 같은 거대 담론 또한 우리를 둘러싼 반복적인 에너지들이다. 우리는 그 에너지의 흐름에 따라 자기도 모르게 규범과 윤리, 습속 따위를 내면화해왔다. 어쩌면 우리는 쏟아지는 비에 흠뻑 젖는 것보다 사회적·개인적으로 다양한 의식을 더 깊게 내면화해왔을 것이다. 그러니 당신은 이미 내면화의 경험과 기술 면에서 이미 천재라고 봐도 무방하다.

예측하지 못한 순간 검푸른 바다에서 튀어 오르는 돌고래처럼, 내면화된 당신의 의식은 언제 언행을 통해 노출될지 알 수 없다. 양자물리학에 따르면, 인간의 무의식 에너지는 크고 거친 물질에 비해 상대적으로 초강력한 힘을 보유하고 있다. 나는 이것을 '내면의 양자핵'이라고 명명한다. 가장 작은 원소들이 핵융합을 하면서 일으키는 거대한 폭발력처럼, 자신의 내면에 지속적이고 반복적으로 응축되는 '긍정 의식'과 '긍정 에너지'는 결과적으로 상상 이상의 성취를 이뤄낸다. '성취 연설문, 성취 소설 쓰기'를 써보는 습관은 그런 점에서 **과정과 결과를 한꺼번에 담을 수 있는 강한 긍정의 힘**이다.

당신이 스티브 잡스처럼 삶의 과정과 역경을 드러내는 연설문을 쓴다고 생각해보라. 자신이 이루고자 하는 비전을 현재형으로 한 줄씩 적어보는 것이다. 작성한 연설문을 군중 앞에서 낭독하는 광경을 상상하면서, 이미 성취된 일을 보듯이 글을 써보라. 아래에 제시된 스티브 잡스의 스탠퍼드 대학교 졸업 축사 일부를 자신의 것으로 소화해서 적어보는 것도 워밍업으로 좋은 방법이다.

(상략) 만약 제가 애플에서 해고되지 않았더라면, 이런 일들은 분명 일어나지 않았을 것입니다. 그것은 지독히도 쓴 약이었지만, 그런 약이 필요한 환자가 있습니다. 인생이 때로 여러분의 뒤통수를 때리더라도 믿음을 잃지 마시기 바랍니다. 제가 포기하지 않고 꿋꿋

하게 나아갈 수 있었던 것은 제가 하는 일을 사랑했기 때문입니다. 여러분도 자신이 정말로 좋아하는 일을 찾아야 합니다. (하략)

나의 행복어
사전 만들기

당신에게 행복은 얼마나 소중한가? 무슨 엉뚱한 질문이냐고 묻고 싶을 것이다. 당연히 행복은 누구에게나 중차대한 문제다. 그것도 길을 걷거나 말을 하거나 일을 하는 모든 순간을 행복하게 살고 싶다. 그래? 그렇다면 '모든 순간을 행복하게 살고 싶다'는 말을 곱씹어보자. 뭔가 아이러니하지 않은가? 당신이 원하는 만큼 행복하기 어렵다는 의미일까? 《행복은 진지한 문제다》의 저자 데니스 프레이저Dennis Prager는 "인생의 소중한 것들은 각고의 노력으로 얻을 수 있듯이 행복 또한 예외는 아니다"라고 말한다.

'나의 행복어 사전 만들기'는 그런 점에서 '여기저기 흩뿌려진' 행복 찾기 작업이다. 행복은 어쩌면 당신의 삶 속에서 자신도 모르게 열외가 돼 있을지도 모른다. 가령 커피광인 당신이 길에서 테이크

아웃 커피 한 잔을 손에 들었다고 하자. 당신은 커피를 받아든 순간 뛰다시피 사무실로 향한다. 의자에 앉자마자 업무를 보려고 모니터를 들여다보며 커피를 홀짝인다. 한쪽 손은 이미 자판이나 마우스를 빠르게 움직인다. 이때의 커피는 당신에게 무엇일까? 행복감? 신경 안정제? 기호품?

불교에서는 인간의 삶을 '괴로움의 바다'라고 말한다. 삶의 바탕이 괴로움이고, 인간은 그 바다를 항해하는 목선木船과 같은 존재다. 바다라고는 하지만 풍랑만 이는 것은 아니다. 때때로 바다는 어머니의 눈처럼 그윽하고 청정할 때도 있다. 그런 점에서 행복은 불만족의 바다에서도 주도적 노력으로 낚아 올릴 수 있는 정신적 느낌이다. 커피광인 당신이 커피 한 모금을 입술 사이에 흘려 넣는 순간 입안에 퍼지는 쌉쌀 구수한 향기와 혀를 적시는 따스한 감각 등을 알아차리지 못했다면, 커피로 인한 당신의 행복감은 허공에 흩어진 참이다.

행복이란 스스로 알아차리고 주워 담아야 할 실체다. '행복 감수성'을 강화해야 하는 이유가 여기에 있다. 우울과 불안, 두려움, 좌절과 같은 '불행 감수성'은 인간이라면 누구나 넉넉하게 보유하고 있는 심리적 능력이다. 오죽하면 '괴로움의 바다'라고 했겠는가. 당신의 유전자는 수십만 년 전 조상이 나약함과 두려움 속에서 지냈던 기억을 완전히 지우지 못했다. 인류를 둘러싼 환경의 핍진과 척박이야말로 인간의 이두박근과 삼두박근을 강하게 하고, 뇌 기능의 차원을 여느 동물과 다르게 해주었다. 그런 점에서 불행 정서에 잘 노출되는 사람은 아직도 유인원 시절의 정서에 의존하면서 사는 심리적 유인원일는지도 모른다.

'불행 감수성'에 비하면 '행복 감수성'은 상대적으로 허장성세다. 행복이라는 감성은 전쟁과 질병, 대량 학살의 인류사를 비집고 20세기를 어렵사리 넘어온 감로수 같은 정서다. 그러므로 당신이 애써 채집하지 않으면 허공에 흩어지고 마는, 아직은 조금 낯설고 궁색한 감성이기도 하다.

인류가 수십만 년 동안 찾아 헤매온 행복 영토는 21세기에도 여전히 비좁고 위태롭다. 그런 점에서 '나의 행복어 사전 만들기'는 '행복 감수성'의 영토 확장 공사라고 할 수 있다. 방법은 간단하지만 의미는 적지 않다. 당신의 행복 밭을 두루두루 살피면서 곡괭이로 일구는 일이기 때문이다. 이 사업은 자신의 일상에서 일어나는 모든 일을 하나씩 살펴보는 과정부터 시작한다.

✓ 종결어미를 모두 '~하면 행복하다'로 적어보기
✓ 오늘 하루 경험했던 일 속에서 크든 작든 행복감이 들었던 모든 순간 적어보기
✓ 살아오는 동안 행복했던 기억, 행복을 느끼게 해준 사람, 행복했던 시절 적어보기
✓ 생각만으로도 행복감이 드는 미래의 모습 자세히 적어보기

✓ 행복을 느끼게 하는 맛, 향기, 풍경, 소리, 감촉 등 한 줄씩 적어보기

✓ 행복을 느끼게 했던 말을 '들은 대로' 하나하나 적어보기

✓ 누군가를 행복하게 했던 순간 적어보기

✓ 누군가를 행복하게 해줄 말 적어보기

'작고 확실한 행복'을 의미하는 '소확행'이라는 말이 있다. 이 말은 여러 가지 의미를 담고 있다. 무엇보다도 자기만의 '행복'에 눈뜨기 시작했다는 신호다. 괴로움의 바다를 항해하면서도 물 위로 튀어오르는 돌고래나 날치 떼를 보는 순간처럼, 소소한 행복이라도 놓치지 않겠다는 결의 같지 않은가. 돈과 명예가 노력의 결실이라면 행복 또한 노력으로 얻어지는 것임을, 세상이 조금씩 알아가고 있다. 행복은 노동 없는 재화가 마냥 제공되지 않는 것과 마찬가지로 거저 얻어지는 감정이 아니다.

대학생 집단에서 '~하면 행복하다'로 마치는 글쓰기를 한 적이 있다. 그들은 한동안 글쓰기에 집중했고, 자신이 쓴 글에 내심 놀라는 눈치였다. "아무렇게나 흩뿌려진 행복을 하나씩 주워 담은 기분이 들었어요." 한 학생이 답했다. '나의 행복어 사전 만들기' 작업은 앞서 소개된 어떤 주제보다도 선호도가 높다. 그 이유는 무엇일까? 아마도 그만큼 구체적 행복의 실체를 챙기고 싶어서일 것이다.

- 교수님께 칭찬을 받았을 때 행복하다.
- 겨울에 따뜻한 영철이 손을 만질 때 행복하다.
- 수업 끝나는 종소리를 들을 때마다 행복하다.
- 잠자려고 이부자리를 펴고 드러누웠을 때 행복하다.
- 기민이한테서 연극표 있다는 연락이 올 때 행복하다.
- 혼자서 라면 끓여놓고 자리에 앉는 순간 행복하다.
- 여행 가려고 탄 버스가 막 출발할 때 행복하다.
- 운동장 10바퀴를 뛰고 난 뒤 땀에 흠뻑 젖었을 때 행복하다.
- 친구에게 돈 빌려줄 수 있을 때 행복하다.
- 아르바이트를 해서 번 돈으로 친구에게 밥 살 때 행복하다.
- 시험 결과가 좋을 때 행복하다.

재미있는 현상이 있다. '~하면 행복하다'로 마치는 글쓰기를 하다 보면, 조금 전까지 밋밋했던 대화나 사건, 행위가 문득 '아, 행복했구나!'라는 자각을 끌어낸다. 직접 실행해보라. 당신이 누군가에게 물 한 컵을 줬는데, 그 물 한 컵을 주는 행위에 대한 자각이 있을 때와 없을 때를 유심히 되돌아보면 발견할 수 있다. 당신이 컵에 물을 받는 순간, 당신이 그에게 그 컵을 넘겨주는 순간, 그가 당신에게서 컵을 받아드는 순간, 그의 눈빛과 당신의 눈빛이 마주친 순간, 그가 컵을 입으로 가져가는 모습을 보는 순간… 이 짧은 순간들의 이동을 느린 화면으로 되돌려보면, 그 과정 안에 반드시 반짝이는 행복이 자리하고 있다. 그런데 우리는 이 행복한 순간들을 지금 이 순간도 허드렛물처럼 흘려보내고 있는지 모른다.

'나의 행복어 사전 만들기'를 자주 해야 하는 이유는, 이것이 당신의 삶 속에서 행복 발견 근육을 단련하는 작업이기 때문이다.

내가 내린 좋은 결정 100가지

우리는 하루에 몇 차례나 결정을 내리며 살까? 이 질문에 우리는 바로 대답하기 어려울 수도 있다. 결정은 판단과 행동 사이에 놓인 정신 체계다. '결정' 앞에 놓인 다리는 항상 두 개다. '할까'라는 다리와 '말까'라는 다리다. 물론 다리 자체가 없는 경우도 있다. '미루기' 혹은 '유보'가 그것이다. 결정에 관한 또 한 가지 쟁점이 있다. 습관적인 결정이다. 우리는 자신이 어떤 결정을 내리는지 잘 알지 못한다. 심신에 밴 습관적 결정 탓이다. 자동화된 결정 시스템 속에 당신의 삶이 컨베이어 벨트 위의 상품처럼 놓여 있을 수도 있다.

'내가 내린 좋은 결정 100가지'는 '자기 결정'과 그에 따른 '자기 신뢰'를 끌어내는 공부다. 자신의 결정 시스템에 대한 점검의 시간이기도 하다. 물론 꼼꼼히 따지다 보면 항목이 엄청나게 많아질 수도 있다. 내가 내린 결정이 100가지만 되겠는가. 오늘 하루 분량만 잘 톺아봐도 금세 100가지를 넘기곤 한다. 잠자리에서 일어나 화장실부터 갈 것인가, 물부터 마실 것인가? 청색 바지를 입을 것인가, 감색 바지를 입을 것인가? 숟가락부터 들 것인가, 젓가락부터 들 것인가? 걸어갈 것인가, 차를 몰고 갈 것인가? 점멸등을 무시할 것인가, 멈춰 설 것인가? 먼발치에 서 있는 동료에게 인사를 할 것인가, 그냥 지나칠 것인가? 우리는 끊임없이 결정하고 행동하거나 유보한다.

당신은 수많은 결정의 순간을 모두 기억하는가? 아마도 기억하기 어려울 것이다. 하지만 당신의 결정은 쇼핑몰 이용 누적 포인트처럼 쌓이고 쌓인다. 그것은 부지불식간에 내 삶의 조종자 역할을 하기도 한다. 누적된 결정과 유보된 결정, 의미 없는 결정들을 잘 되돌아보라. 그것들은 어디로 갔을까? 이 글쓰기는 바로 크고 작은 결정의 기억을 살펴봄으로써, 그것이 '나'라는 존재의 궤적에 어떤 역할을 했는지 깨닫는 계기를 만들어줄 것이다.

40년을 살아온 사람은 40년 동안, 50년을 살아온 사람은 50년 동안 매 순간 결정을 해왔다. 만약 그 시간 동안 어떠한 결정을 내리지 않았더라면, 당신의 삶은 멈추었을 것이다. 그런 점에서 결정은 생명의 본질이자 특성이라고 할 수 있다. 당신을 둘러싼 환경은 거의 모든 순간 당신에게 판단과 결정을 요구한다. 그렇기에 최악의 결정은 결정을 내리지 않는 것이다. 결정을 내리지 않음은 곧 생명의 멈춤이고, 멈춤은 이윽고 죽음의 그늘에 놓인다.

　결정 하나가 생의 흐름을 바꿨다는 스토리텔링은 누구에게나 내재돼 있다. 다만 그것을 돌아보려 하지 않거나 부질없는 짓이라고 여기며 하찮게 취급할 뿐이다. 분명한 사실은 당신의 생명이 유지되는 한, 크든 작든 계속 결정을 내려야 한다는 것이다. 그런 점에서 내면의 결정 시스템을 점검하고, 닦고 조이고 기름 치는 일은 사실상 물 마시는 일만큼이나 중요하다.

지금은 업계에서 유명한 N이라는 후배 사진작가가 있다. N은 처음부터 사진작가는 아니었다. 그는 1997년 IMF 시기에 실직했다. 17년간 다니던 선박 부품 회사가 파산하자 N은 실제로 '등골이 서늘해지는 체험'을 했다. 회사가 문 닫은 날, 5킬로미터 정도 걸어 집으로 가는 동안 N은 한 가지 '결정'을 했다. '걷기를 멈추지 않겠다'는 결정으로, 이는 훗날 그의 인생을 바꾸어놓았다. N은 매일 아침 눈을 뜨면 서울 거리를 온종일 걸으면서 도심에 핀 크고 작은 꽃을 촬영했다. 며칠 전 새로 깔린 보도 블럭 사이에서 솟아오른 손톱만 한 풀꽃을 발견하기도 했다. N은 차양 모자에 운동화, 간편한 조끼에 사진기를 걸쳐 맨 차림으로 2년 여를 걸었다. 어느 날 문득 되돌아보니, 자신을 위한 새로운 길이 열리는 예감이 들었다. 걸으면서 도심의 꽃에 관심을 두다 보니, 자신이 찍은 사진으로 사진집도 내고 강연도 하게 됐다.

당신이 뭔가를 결정하는 이유는 뭘까? 지금보다 더 나아지게 하려는 정신적 행위거나, 막힌 상황을 뚫거나 전환하려는 자구책이다. 그런 방식으로 크거나 작거나, 좋거나 나쁘거나, 알거나 알지 못한 결정들이 당신의 생애를 만들어왔다. 언젠가 결행했던 결정의 순간들을 돌이켜보라. 이왕이면 '좋은 결정'이었다는 생각이 드는 것을 드러내보자.

- ✓ 오늘 아침부터 지금까지 자신이 내린 모든 결정을 생각나는 대로 적어보기
- ✓ 자신에게 생긴 인상적인 사건 하나를 정한 다음, 결정 전후의 상황 간단히 적어보기
- ✓ 살아오면서 '잘한 결정'이었다고 생각되는 사건 적어보기
- ✓ 자신이 내린 '좋은 결정 100가지'를 생각나는 대로 적어보기
- ✓ 자신이 내린 좋은 결정과 나쁜 결정 비교해서 적어보기

결정은 호흡 같은 것이 아닐까? 인연의 고리 속에 놓여 있는 한, 우리는 숨 쉬듯 수없이 결정을 내려야 한다. 어떤 결정이든 위험이 따른다. 아무리 건강한 근육이라도 암 유발 요인을 안고 있듯이 말이다. 그때는 좋은 결정이었는데, 지금 와서 보니 '나쁜 결정'이 된 것도 있다. 그때는 체념 끝에 내린 결정이었는데, 지금 와서 보니 하늘이 도운 결정도 있다. 물론 결정 자체가 어려운 일도 있다. 모임 식사비를 전액 부담하기로 한 것이 좋은 결정이거나 나쁜 결정

일 수 있을까? 지금의 배우자와 결혼하기로 한 결정 또한 마찬가지다.

놀랍게도 과거에 내린 결정의 '좋고 나쁨'이 10년, 20년 지속되는 경우는 드물다. **결정의 주인공은 결정 당시의 자신이 아니라, 그 결정을 돌아보는 '지금 이 순간'의 자신이기 때문이다.** 지금의 부부관계가 행복하면 오래전 연애 시절의 결정은 좋은 결정이 되고, 어느 순간 지금의 관계에 이상이 생기면 그 시절의 결정은 나쁜 결정이 된다. '지금 이 순간'은 지나간 시절, 언젠가 내가 판단하고 결정했던 그 모든 것의 결과로서 실재한다. 에크하르트 톨레Eckhart Tolle와 같은 실존 철학자는 말한다.

"당신의 삶은 유일하게 '지금 이 순간'뿐이다."

'결정'은 결정 자체로 완결이다. 결정은 앞의 결정을 책임지지 않는다. 책임을 진다면, 그것은 '책임을 지겠다'는 새로운 결정이 발생한 결과다. 당신의 매 순간은 깔때기 끝에 모인 한 방울의 결정체처럼 수많은 결정이 중첩하여 만들어진다. 이른바 결정의 홀로그램이다. 그러므로 당신은 '지금 이 순간의 결정'을 알아차리는 의무만 잘 수행하면 된다. 그런 다음에는 그냥 떠나보내라. '결정이여, 안녕! 난 신선도 높은 '지금 이 순간'을 만나야 하거든!'

21자
압축 일기

'21자 압축 일기'는 자신의 하루를 촌철살인寸鐵殺人처럼 살벌하게 압축해보자는 의도로 설계했다. 결코 21자를 넘겨서는 안 된다는 약속이 대전제다. 어쩌면 당신은 이 약속 때문에 매혹됐을지도 모른다. '21자라니. 이 정도야 가뿐하지 뭐! 암, 그렇지. 일기란 자고로 이렇게 간결해야 해!' 만약 당신 마음에 이런 말이 있다면 두 가지 무의식이 드러난 셈이다. 하나는 그동안 일기 쓰기를 소홀히 했음을 실토한 셈이고, 또 하나는 그래도 좀 뭔가를 남기고 싶은 마음이 있다는 의미다.

텔레비전을 비롯한 온갖 미디어에서 터져 나오는 입말들이 이 시대처럼 무성할 때가 있었을까? 마치 '입만 살아 있는 시대' 같다. 그런데 의외로 이렇게 말 잘하는 사람이 문장 한 줄 만드는 일에는 허공만 응시한 채 막막하게 앉아 있는 경우가 종종 있다. 문장이란 그런 것이다. 입심이 대단한 사람도 일순간에 침묵시키는 힘과 위엄을 발휘한다. 왜 그럴까?

말과 글은 다르다는 관념이 그 마음 안에 각인돼 있으면 그럴 수 있다. 그는 자기의 입말을 문자로 옮기는 경험이 많지 않았을지도 모른다. 그냥 자기의 입말을 문자로 드러내보라. 처음에는 살짝 용기가 필요하겠지만, 반복하다 보면 무슨 일이 벌어질까? 마음속으로 자신의 모든 것을 받아줄 친구 하나를 세워놓고, 그 친구에게 하는 말을 타이핑해보는 것도 한 방법이다.

문자는 유한 생명체인 '나'의 흔적을 남길 수 있는 가장 효과적 시스템이다. 그래서 나온 말이 있다. 세상의 작가들은 유사 조물주가 되고 싶어 하는 종족이라고. 특히 일기 쓰기는, 짧게는 하루 동안 묻은 자기 마음의 때를 씻어내는 방안이고, 길게는 자기의 죽음 너머를 응시하는 야심만만한 작업일 수 있다. 본의는 아니었겠지만, 《안네의 일기》는 제2차 세계대전 와중에 15세 유대인 소녀 안네 프랑크Anne Frank에 의해 쓰인 이후 2009년 유네스코 세계기록유산에 등재됐고, '이후로도 그 생명을 유지하고 있다.'

일기는 개인의 하루 생을 글쓰기로 정리하고 다음 생을 준비하는 작업이다. 각종 글쓰기 유형 중에서 독자가 자신 하나뿐인 글쓰기는 일기가 유일하다. 일기 안에 온갖 양질의 기억, 반성, 의미, 사유, 고백이 담길 수 있는 이유가 여기에 있다.

아침부터 저녁까지 사람은 시간당 900회씩 평균 2만 1,600회를 호흡한다. 단 몇 분만 호흡을 놓쳐도 절명 위기에 빠지는 사람의 몸은 하루에 수천 번씩 의미심장한 사건을 겪는 셈이다. 일기를 쓰는 당신은 순도 높은 개인사적 진술을 통해 세상과 또다시 깊숙히 접촉한다. 일기는 소위 자기방어적인 마음의 문지기가 철수한 상태에서 이루어지는 내면의 진술이다. 순도 높은 내면의 음성이 드러날 수 있는 환경이다. 하지만 누구에게도 보여주지 않을 글이라는 점에서 문득 외로움이나 고독감이 들기도 한다.

문제는 당신이 일기를 기록할 겨를이 없다는 점이다. 굳이 당신에게 '강제 일기'라도 강요한다면 이렇게 진술할지도 모른다.

'무슨 일을 했는지도 모르게 하루해가 뜨고 진다. 과연 내가 숨을 쉬기라도 했을까? 단 한 차례 호흡도 기억나지 않는다. 사업장에 전화하고, 친구에게 문자하고, 돈을 세고, 작업을 하는 동안 호흡이라는 사건은 나에게 없었다. 일기에 적을 만한 일은 없지 않지만, 사실은 내 기억에서 지워버리고 싶은 일뿐이다. 그런 것을 시시콜콜 적는다는 게 참으로 하릴없어 보인다.'

'21자 압축 일기'는 그런 당신을 위한 글쓰기다. 너무 간단하다고? 그렇다면 가슴 뛰게 좋은 소식이다. 당신이 장문의 일기를 쓴다고 해서 말리거나 강제 중지시키는 소동은 벌어지지 않을 것이다.

당신은 '21자 일기'를 씀으로써 몇 가지 이득을 보게 된다. 이런 일기는 당신의 여섯 번째 손가락이라고 할 수 있는 스마트폰의 메모장에도 정리가 가능하다. 스마트폰에 노트 앱을 열어서 활용한다면 늘 무엇이건 쓸 수 있는 조건을 갖춘 셈이다. 언제 어디서든 기록할 수 있는 21자 일기 쓰기의 방편은 다양하다.

✓ 하루 중 기억나는 사건의 헤드라인만 기록하기
✓ 오늘 하루 중 자신에게 가장 중요하다고 느낀 사건 21자 이내로 적기
✓ 방금 있었던 일 21자 이내로 적기
✓ 오늘 하루 자신을 주인공으로 하여 시처럼 짧게 글쓰기
✓ 오늘 하루 동안 만난 사람 중 누군가를 주인공으로 하여 시처럼 짧게
  글쓰기
✓ 지금 이 순간의 생각을 '요점만 간단히' 정리하기
✓ 죽음을 앞둔 자신을 상상하며 21자 유언 쓰기

당신이 무엇을 쓰든 자기 이야기를 진술하는 것은 삶의 복습이다. **의식과 몸을 통해 한번 경험했던 일을 '최대한 사실대로' 재연하는 게 임**이다. 오늘 혹은 방금이라는 시간의 매듭 안에 '의미 있는 일'을 담아 영구 보관하는 일이다.

  흥미로운 일은 보관의 의도다. 동물은 으레 자기 먹이를 보관하는 습성이 있다. 하지만 사람은 단순히 식량 보관에 그치지 않는다. 사람은 사물이 아니라 '의식'을 보관한다. 이는 사람만이 갖는 특성이다. 모든 동식물의 보관 행위는 대개 양식이 떨어졌을 때를 대비한 행위다. 사람이 자신의 의식을 보관하는 행위 또한 그와 유

사한 의도가 있는 건 아닐까? 썼던 일기를 다시 읽어보는 시점에 해답이 있다. 그럴 때면 어떤 마음이 들까? 일기 속 당신을 다시 대면함으로써 그동안의 변화와 성장, 치유, 감사라는 정신의 양식을 얻게 된다. 이것이 일기의 힘이다.

일기는 하루 혹은 하루 중 어떤 시간의 매듭짓기다. 지금까지 살아온 시간과 공간을 한 차원 높은 의식에서 조망하고 매듭짓는 자로서 명실공히 자기 삶의 리더임을 확인하는 작업이다. '21자 일기'를 쓰는 동안 당신은 지나온 시간의 필름을 되돌리게 된다. 이 모든 순간 중에서 단 21자로 압축할 만한 일은 무엇일까? 오늘 하루 중 가장 의미 있다고 여기는 한순간을 형상화한다면, 그것은 무엇일까? 오늘 하루 자기 주위를 떠돌았던 말 중에 가장 의미 있는 '대화'를 적는다면, 그것은 무엇일까?

오늘을 잘 산다는 것은 확인이라는 매듭을 잘 지었음을 의미한다. 고기를 담은 망태의 끝부분, 호흡을 담은 풍선의 끝부분, 정성을 담은 보자기의 끝부분에는 매듭이 있다. 매듭은 예외 없이 가두고, 담고, 정리하고, 풀어내어 다시 살펴보게 하는 기능을 한다. 가볍게 오늘이라는 보자기를 매듭짓는 일, 곧 '21자 압축 일기'다.

깨알 감사
글쓰기

'깨알 감사 글쓰기'는 당신의 생애에서 깨알처럼 소소한 감사거리를 찾아내는 일이다. 감사는 양가감정 중 어느 한쪽을 선택하는 마음이다. 소위 파충류의 뇌라고 하는 '싸움/도주' 반응처럼, 당신이 겪는 일의 대부분은 '감사 아니면 불만'의 영역에 속한다. 누군가는 '무관심'도 있지 않냐고 하지만, '무관심'에 감사가 있을 리 없고 모르는 것을 '무관심'이라고 분류할 수도 없으니, 무관심은 곧 '불만'의 영역이다.

감사는 일종의 선택이다. 두 갈래 길 앞에 선 것 같은 원론적 심리 작용이다. 가령 당신이 길에서 강도를 만나 가진 것을 모두 빼앗겼다고 하자. 사건 직후 당신은 양가감정 중 하나를 반사적으로 선택한다. 하나는 재수 없는 날이라며 침을 퉤퉤 뱉는 일이고, 다른 하나는 강도를 만나 손끝 하나 다치지 않았으니 다행이라고 여기며 감사하는 마음이다.

당신은 하루 중에 이런 선택을 얼마나 자주 할까? 더워서 짜증이 나고, 혼자여서 외롭고, 돈이 없어서 두렵고, 목감기로 따갑고, 동료의 말투에 언짢은 일을 겪을 때, 당신은 무의식중에 불만 혹은 감사라는 선택지를 받아든다.

우리는 어떤 감정을 거듭 사용하는지조차 제대로 알지 못한 채 지내기 십상이다. 의식의 자동화는 곧 생각이나 감정의 자동화를 의미한다. 분명한 것은 의식적이든 무의식적이든, '감사'나 '불만'은 당신이 채택한 정서라는 것이다. 양가감정 중 하나를 거듭 사용하면 감정 습관이 되고, 그 감정 습관에 따라 인연과 삶의 길이 열린다. '분노'라는 감정 습관에 자주 노출되는 사람과 기쁨이라는 감정 습관이 있는 사람의 인연이 어떻게 유사할 수 있겠는가.

심리학자 마이크 베이어Mike Bayer는 저서 《베스트 셀프》에서 '감사'의 이득을 열거한다. 감사를 하다 보면 불안, 걱정 등이 줄어든다. 우울감이 사라지고, 걱정이나 두려움도 현저히 감소된다. 특히 자살 충동과 같은 극단적 심리 상태를 안정시키는 데 큰 도움을 준다. 자살 충동에 시달리는 사람에게 베이어가 권하는 것이 '감사목록 적기'다. 감사 글쓰기는 긍정 정서 근육 강화이자 사회와의 연기적 알레고리를 실감하게 해준다는 것이다. 물 한 컵을 앞에 두고, 이 물 한 컵이 나에게 올 때까지 얼마나 많은 존재가 움직였는지를 명상하는 수행처가 있다. 당신도 한번 시도해보라. 감사 의식이 급속하게 확장되는 순간을 체험하게 될 것이다

- ✓ 오늘 하루 떠오르는 모든 일에서 감사할 일 찾아 적어보기
- ✓ 살아온 날 중에서 감사할 만한 사건의 머리글 적어보기
- ✓ 고마운 사람 이름 적어보기 (이름이 생각나지 않으면 그 사람의 인상착의나 그 사람을 만난 시간과 장소 적기)
- ✓ 자신의 몸 습관, 마음 습관 등에 배어 있는 감사의 측면 찾아 적어보기
- ✓ 미운 사람, 불편한 관계에 있는 사람에게서 감사거리 찾아 적어보기
- ✓ 누구에게도 말하기 힘들었던 사람이나 사건에서 감사할 일 찾아 정리해보기
- ✓ 기억나는 부정적 사건을 간단히 적은 다음, 그나마 다행이거나 고마운 측면 찾아보기

'감사'는 무조건 긍정적 측면만 드러내고 부정적 측면을 감추는 행위가 아니다. 그런 감사는 오히려 위험하다. 대학 강단에 서는 후배 G는 한 단체 톡방에서 감사의 말을 전하는 역할을 도맡았다. 울림과 깊이가 남다른 불교 경전 구절이나 성경 말씀, 아름다운 해석의 언술을 전했다. 단체 톡방 동문들은 매일 아침마다 올라오는 그의 글을 보면서 하루를 시작했다. 어느 날 G가 이혼했다는 소식이 들려왔다. 그날도 G는 인생의 교훈과 감사가 담긴 글을 전했다. 나는 혼란에 빠졌지만, G에게 직접 근황을 묻지 못했다. 단체 톡방에 매일

올라오는 G의 글에서는 중대한 가정사의 기미를 포착할 수 없었다. 나는 끝내 그의 소식을 직접 들을 수 없었다. 그가 얼마 전 삶을 마감했기 때문이다.

G가 만약 자신이 겪고 있는 갖가지 격변을 사실대로 드러내고, 그나마 남은 고마운 점, 긍정적인 점을 밝혔다면 어땠을까?

'아내가 이혼을 요구했다. 나는 이혼하고 싶지 않다. 혼자 남는 것에 대한 두려움, 타인의 폄훼나 실패한 중년의 추레함 따위를 보여주는 게 죽기보다 싫다. 그렇지만 평생 연금이 있고, 아직 여행할 곳이 널려 있다는 게 감사하다. 아무에게도 방해받지 않고 잠을 푹 잘 수 있고, 아내가 싫어하는 숲속의 야영 생활을 마음껏 할 수 있어 감사하다.'

이 정도라도 자신의 고뇌를 밝히고, 감사거리를 발견했더라면 도움이 되지 않았을까?

긍정심리학자 마틴 셀리그만이나 엘리자베스 퀴블러 로스는 "자신의 부정적인 면을 드러내고 인정하는 것이 바로 긍정"이라고 말한다. 당신을 둘러싼 조건의 부정성, 부정적 감정을 있는 그대로 드러내는 것이 자기 삶에 대한 긍정이라면, 그 속에서 감사거리를 찾아내는 힘은 당신에게 무엇이 될까? 위에서 언급한 마이크 베이어의 말로 표현하자면, 감사는 '자신을 둘러싼 사회적 연결성'을 실감함으로써 새로운 의욕을 갖게 한다. 감사는 새로운 감사거리를 찾으려고 하는 엔진이자 에너지이기도 하다.

감사는 무엇보다 발견자의 심리적 소유다. 빼앗을 수도 없지만 빼앗길 수도 없다. 당신의 일거수일투족에 감사의 마음을 적용하면, 모든 순간이 행운이나 긍정 아닌 것이 없다. 당신은 자신의 한 걸음을 알아차리면서 발바닥의 감각을 느끼는 것에 감사할 수도 있다. 얼마나 많은 사람이 이 순간에도 발을 다쳐 걷지 못하고 있을까? 그들이 하루빨리 완쾌하기를! 이것이 감사의 발견법이고 삶의 연금술이다. 하나의 생명으로 태어나 연기적 생명체로서 행하는 당신의 일거수일투족은 기적의 연결이다.

작고 미약하고 사소한 것의 발견. 당신의 삶에서 그런 발견이 자주 일어나기를 기원한다. 감사는 주도적 선택이자 '겸손'이라는 정신의 발로다. 시시콜콜 감사거리를 잘 찾아내는 사람은 주도성과 자신감, 자존감, 정서 탄력성이 좋을 수밖에 없다. 당신이 지금 감사하고 있다면, 그 마음은 해발 고도 제로에 가깝다. 그 바다의 밀물과 썰물처럼 조화로운 상태다.

횡설수설
글쓰기

'횡설수설 글쓰기'는 여행으로 치면 '의도적인 길 잃기'다. 어딘가로 가다가 의도치 않게 길을 잃으면 '실로'가 되지만, 가던 길을 의도적으로 벗어나면 '탐험'이 된다.

'횡설수설'은 대개 사람 입에서 나온 '언어 아닌 언어'로 취급받기 일쑤다. 횡설수설은 취객의 씨불임이나 호들갑, 충격적인 사건 설명, 황급히 내뱉는 거짓말, 몰래 하던 일을 들킨 순간에 튀어나오는 말에서 흔히 나타나기 때문이다. 횡설수설은 말 그대로 '뭔가에 취했거나 급박한 상황에서 종잡을 수 없이 지껄이는 말'이다 보니, 어휘의 맥락이나 품격이 있을 리 없다. 그렇다고 의사 전달이라는 본래 기능이 모두 사라진 것은 아니다. 설사 횡설수설이라도 의사를 표현하려는 의도조차 포기한 것은 아니다. 그가 거짓을 말한다고 하더라도 뭔가 절박하게 표현 중이다.

당신이 만약 이 횡설수설 글쓰기에 관심이 간다면, 아마도 세상이 규정하는 글쓰기 방식을 뒤집고 싶은 유혹 때문이 아닐까? '나는 내 멋대로 쓸 거야.' '나는 내가 가고 싶은 길로 갈 거야.' '나는 남들이 닦아놓은 길 밖으로 가볼 거야.' '횡설수설 글쓰기'는 바로 이런 태도를 갖춘 글쓰기다.

그동안 세상의 언어 교육은 당신의 의식을 횡대와 종대로 줄 세워서 길들여왔다. 도덕과 윤리, 예의범절, 소통과 친절, 상하 관계의 프레임으로 분류된 횡대와 종대다. 언어는 눈에 보이지 않는 사회적 규범 질서의 그물망이다. 당신의 언어 의식은 거대한 그물에 갇힌 정어리 떼처럼 알게 모르게 포획돼 있다. 사회적 동물로서 당신의 말은 언어 규범이라는 거대한 그물망 안에서 헤엄치는 셈이다. 그것은 평소 어린애에게 쓰던 말을 자신보다 20년쯤 연상인 어르신에게 써보면 즉각 확인할 수 있다. 지하철 노약자석에 앉은 어르신에게 "너, 내가 피곤하니까 자리 좀 양보해줄 수 있겠니?"라고 말해보라. 보이지 않던 언어의 그물망이 홀연히 드러나서 자기 목덜미를 옥죌 것이다.

　세상의 모든 글쓰기 또한 마찬가지다. 자신이 직접 쓰고 폐기하는 글쓰기명상의 방식이 아니라면, 당신의 글은 타인에게 전달되는 체계에 놓인다. 당신의 생각은 사회적으로 인정받은 기본 맥락을 유지하면서 드러내야 한다. 객관성과 전달력을 갖추려면 의미와 맥락이 일정 수준 용인되는 단어를 이어 붙여야 한다.

그런 점에서 이 글쓰기는 **언어라는 사회 질서에 대한 일종의 모반**이다. 의미와 맥락과 일관성을 뒤집거나 도발하는 형식이기 때문이다. 알고 보면 당신의 유아기 언어는 애당초 의미와 맥락, 일관성이 없었다. 어머니가 그저 당신의 신호를 알아들었을 뿐이다. 유아의 표정, 장난처럼 하는 손짓, 고양이 잠꼬대와 같은 옹알이만으로도 소통은 충분했다.

한 살이 되고, 두 살이 되고, 세 살이 되면서 당신의 언어는 종대와 횡대의 사회적 제식 훈련에 노출된다. 갑갑해도 할 수 없고, 귀찮아도 할 수 없고, 재수 없어도 할 수 없었다. 언제부턴가 당신의 가족, 놀이, 음식, 노래, 운동 등 그 어디에서도 '종잡을 수 없는 횡설수설'은 허용되지 않았다. 당신의 의식과 언어는 그렇게 길들여졌다.

왜 그래야만 했을까? 언어는 반드시 질서 정연하고, 의미 전달이 명확하고, 문법의 틀을 벗어날 수 없는 도구일까? 횡설수설이야말로 우리의 최초 언어이자, 어쩌면 이승의 마지막 언어일 것이다. 지나고 보면 그 모든 게 횡설수설이었음을 죽음의 순간에 깨우칠지 모른다. 죽음의 순간에 이르면 모든 게 명징해진다고 하는데, 그 순간에 돌아보니 자기의 언어 또한 타인이 제시한 질서 속에서 길들여진 도구였음을 깨닫는다면 얼마나 억울할 것인가?

우리는 언제부터 '자기 멋대로 횡설수설할 자유'를 포기하게 됐을까? 도대체 세상 어디에 언어처럼 교묘하고 집요한 강제 질서가 또 있을까? 우리는 왜 논리성, 개연성, 합리성, 근거 따위를 이고 지고 살아와야 했을까? 어떤 이유로 끔찍한 언어 포획망에서 벗어날 생각조차 해보지 않았을까? 언어는 인류의 의식이 낳은 옥동자이지만, 이제 언어와 의식이 서로 묶고 묶여서 자유로운 횡설수설의 즐거움을 잃어버린 건 아닐까? 횡설수설이 왜 이렇게 낯선 일이 되고 말았을까?

✓ 자신을 만취 상태에 든 주정뱅이라고 생각한 다음, 떠오르는 누군가에게 말하듯 적어보기
✓ 어떤 말이든 '지금' 나오는 대로 쓴 다음, 전혀 연결성이 없는 말을 '의도적으로' 15분간 적어보기
✓ 제목을 먼저 정한 다음, 그 제목과 관련하여 떠오르는 모든 단어를 마구 적어보기
✓ 잠결에 자신이 잠꼬대로 했던 말이라고 여겨지는 내용을 적어보기
✓ 자신의 내면을 들여다보면서 여기저기 나뒹구는 단어만 맥락 없이 적어보기

그동안 누구도 걷지 않은 길을 가는 것은 두렵고, 어렵고, 무의미해 보인다. 하지만 여기서만큼은 주정뱅이가 앞뒤 가리지 않고 양손발을 휘저으며 게워내는 악다구니일수록 정답에 가깝다. 입에서는 금방이라도 토사물이 쏟아져 나올 것 같고, 코를 찌르는 악취가 밴 언어일수록 느낌이 최고다.

3 ● 글쓰기명상의 실제

공공기관 등에서 시행하는 국민 대상 글쓰기는 의미의 일관성과 형상화를 지향하지만, '횡설수설 글쓰기'는 그런 글에 낙제점을 준다. 세상의 언어 질서를 뒤집어서 말길이 막히고, 럭비공처럼 어디로 튈지 몰라 종잡을 수 없을 때 횡설수설의 진가가 드러난다. 그런 점에서 맑은 정신에 하는 '횡설수설'은 당신의 두뇌에 쥐가 나게 할 수도 있다. 하지만 그것이 의식의 탐험임을 잊지 않는다면, 당신은 뜻밖에도 지금껏 몰랐던 자신의 새로운 면모를 발견할 수도 있다. 당신의 의식 깊은 곳에 '범생이'로 길들여져 끽소리도 하지 못하고 수십 년을 암약해온 애벌레와 같은 감정, 언어, 생각, 무의식의 심연 따위가 문득 눈을 비비며 꿈틀거리는 모습을 보라. 그것이 당신 의식의 본래 모습이다.

오감 동원 글쓰기

당신의 한순간을 색과 맛과 냄새와 소리와 촉감으로 체험할 수 있다면, 그 순간의 삶은 평면적일까, 입체적일까? '오감 동원 글쓰기'는 밋밋하고 건조한 삶을 한 차원 끌어올리는 글쓰기 방법이다. 2차원의 평면적 삶을 3차원이나 4차원으로 입체감 있게 살리는 일이다. 말라붙은 단팥빵 하나도 당신의 감각기관을 어떻게 활용하느냐에 따라서 전혀 다른 존재가 된다. 오감을 동원하면 마른 소똥 같았던 빵이 먹음직스럽게 부풀고, 코끝이 데일 것처럼 김이 모락거리며 달콤한 단팥 내음이 혀에 감기게 할 수 있다. 법정스님은 인생의 목표에 대해, 풍부하게 사는 것이 아니라 풍성하게 사는 것이라고 말씀하셨다. 모든 면에서 다섯 가지 감각기관을 동원하여 접촉하는 습관을 갖는다면, 당신의 풍성한 삶은 이 자리에서 보장될 것이다.

당신은 자신의 다섯 가지 감각기관으로 주변의 모든 것과 접촉하면서 비로소 하나의 생명체가 된다. 자신에서 '눈' '귀' '코' '혀' '피부'를 하나씩 빼다 보면 그 의미를 이내 깨달을 수 있다. 마지막엔 무엇이 남는가? 우리의 근원적 두려움은 다섯 가지 감각기관의 소멸로 오감을 잃는 것에서 기인한다. 많은 사람은 시각, 청각, 후각, 미각, 촉각의 상실을 인간으로서 실질적인 죽음을 맞이하는 것으로 여긴다. 이런 이유로 오감의 작동은 생명력 그 자체라고 할 수 있다. 우리는 이 다섯 가지 감각기관을 통해서 주변 세계의 정보를 얻고 이해하며, 그 이해를 바탕으로 세상을 새로운 관점으로 바라보고 재학습한다. 오감의 작동과 정보 수집, 판단과 이해의 과정 안에서 발생하는 물리적·정신적 행위를 우리는 '삶'이라고 칭한다. 우리 삶은 곧 다섯 가지 감각기관이라는 강력한 지방자치 기관과 연결되어 있다.

당신은 같은 사안을 두고 평면적 설명에 치중하는 글을 쓸 수도 있고, 다섯 가지 감각기관을 활용하는 글을 쓸 수도 있다. '창밖에 눈이 내린다'라는 말은 '눈이 내리는 현상'에 대한 설명이다. 이와 같은 설명 한 줄을 '오감 동원 글쓰기'로 표현해보자.

　'눈'의 입장에서는, 창밖에 하얀 알갱이들이 우수수 떨어지고 있는 장면을 보고 있다고 쓸 수 있다. '코'를 중심으로 한다면, '첫눈이 내리는 거리를 내려다보며 어린 시절 엄마의 분 내음을 맡는다'라고 쓸 수도 있다. '귀'의 입장에서, 바람이 걷는 소리가 들려온다고 표현해도 누가 시비하지 않는다. 내리는 눈에 대한 '혀'의 입장은 어떨까? '혀를 내밀어 눈 맛을 보다가 문득 여섯 살 시절의 나를 만났다'라고 할 수도 있다. 피부는 눈이 닿자마자 녹아서 무슨 느낌인지 알기 어렵다. 그런데도 '눈이 내 몸을 외할머니 손길처럼 쓰다듬는다'라고 표현할 수 있다. '창밖에 눈이 내린다'라는 말은 다음과 같은 입체적 상황으로 묘사될 수도 있다.

> 흰 눈이 내린다. 첫눈이었다. 눈은 대로변 양버즘나무를 지울 듯이 내린다. 건너편 비오자이네 호텔의 배기구에서 하늘거리던 흰 연기는 쏟아지는 눈발에 뒤섞여 연기인지 눈인지 구분되지 않는다. 거리의 소음이 쏟아지는 눈에 파묻혀 일순 정적의 세계가 펼쳐진 듯했다. 해랑길 4차선 아스팔트에 쏟아져 내리는 눈은 까맣고 번들번들한 도로 위에 닿으면서 사라졌다. 그는 방금 흰 알갱이들로 있었던 것과 사라진 것을 지켜보았고, 잠시 그것에 대해 생각했다. 달리는 차들은 지지지지 질척이는 소리를 냈다. 그는 자신의 등 부위 어딘가, 참기 힘든 간지러움을 느꼈다. 왼손을 등쪽으로 비틀어 중지를 곧추세웠지만, 간지러운 부위는 닿지 않았다.

좋은 산문이나 소설을 유심히 읽어보면, 감각기관이 다양하게 동원되는 이른바 '묘사 글쓰기'가 대부분임을 금세 알 수 있다. 사람의 다섯 가지 감각기관을 활용하여 하나의 사물, 하나의 사건을 적어가는 것이다. 눈에 보이는 세상을 미각으로 그려보는 일, 소리를 모양으로 형상화하고, 냄새로 표현하고, 보이지 않는 대상을 감촉으로 표현하는 글쓰기는 자연스레 의식의 확장과 풍성함을 가져온다.

'오감 동원 글쓰기'는 평면으로 놓여 있던 판자 하나를 텐트나 집으로 입체화하는 글쓰기다. 직설적이고, 근거가 명확하고, 결론만 간략히 쓰는 글에 익숙한 사람에게는 '오감 동원 글쓰기'가 꽤 까다로운 작업일 수 있다. 하지만 처음에는 아주 단순한 사건 하나만 잡아 적어보라. **숨어 있던 의미와 새로운 발견, 풍성한 감각의 세계가 당신 안에 있음을 알게 될 것이다.**

✓ 밥 한 숟가락 먹는 순간에 대해 오감 동원 글쓰기 해보기
✓ 소중한 사람에 대해 오감 동원 글쓰기 해보기
✓ 지금 일어난 생각 한 가지에 대해 오감 동원 글쓰기 해보기
✓ 최근에 일어난 가장 강렬했던 감정에 대해 오감 동원 글쓰기 해보기
✓ 어떤 현상이나 물질에 대해 오감 동원 글쓰기 해보기
✓ 과거에 경험한 일에 대해 오감 동원 글쓰기 해보기
✓ 내가 살고 싶은 미래에 대해 오감 동원 글쓰기 해보기

'오감 동원 글쓰기'는 색다른 글쓰기 방법이다. 오늘날처럼 정보 전달과 효율이 중시되는 사회에서는 자칫 소모적인 글쓰기로 비칠 수 있다. 만약 오감을 동원하는 글쓰기가 내키지 않는다면 학술용 글쓰기에 익숙해서일 수 있다. 학술용 글쓰기는 곧 '객관적 자료를 기반으로 자신의 알음알이와 주장을 드러내는 것이 목표'인

글쓰기다. 전달 내용이 무엇인지 알기만 하면 되는 사회에서는 건조하고 딱딱한 사유들이 양산될 수밖에 없다. '오감 동원 글쓰기'는 신속함이나 적확함, 효율성, 정보 집약성 면에서 취약하다. 그만큼 '느림, 기다림, 통찰, 깊음, 고요'와 같은 명상적 행위와 닮았기 때문이다.

지금 자기의 삶이 지루하거나 마른 가을처럼 건조한 느낌이 들곤 하는가? 그럴 때는 사사로운 사안 하나를 들고 '오감 동원 글쓰기'를 해보라. 젓가락을 손가락 사이에 끼고 앉아 그것을 찬찬히 바라보는 것과 같은 극히 단순한 행위도 좋은 소재다. 눈, 귀, 코, 혀, 피부 감각을 동원하여 그 젓가락을 중심으로 일어나는 감각적 사유를 적어보자. 그 사소한 행위 하나에도 평소 보지 못했던 모습이 있고, 듣지 못했던 소리가 있고, 경험해보지 못했던 맛이 있고, 낯선 내음이 있고, 신선한 감촉이 있다. 오감을 동원해 모두 적은 후, 다시 한번 읽어보고 잘게 찢어도 하등의 문제가 없다.

죽음 앞에서
지금 응시하기

'죽음 앞에서 지금 응시하기'는 당신의 생애 마지막 날에 '지금 이 순간'을 지켜보면서 작성하는 글쓰기다. 탄생이 있는 모든 생물과 무생물은 예외 없이 삶의 종지부를 찍는다. 한 시간 후가 될지, 일 년 후가 될지, 십 년 후가 될지 모를 당신의 생애 마지막 의식으로 '지금-여기'의 삶을 되돌아보자는 제안이다.

왜 하필 생애 마지막 날에 지금을 바라보는 걸까? 당신의 생애 마지막 날은 모든 것을 '없음'으로 돌리는 시간이기 때문이다. 거기에 비하면 지금은 가족, 애인, 동료, 통장 잔액, 정장, 구두, 가방 따위가 '있다.' 온갖 욕망도 건재하다. '있음'은 '아직 붙들고 있음'을 뜻한다.

　죽음은 '당신이 지금 붙들고 있는 것'이 무엇인지 잘 드러낸다.

순백의 리트머스 시험지와 다름없는 상태이기 때문이다. 그 위에 그림자 한 자락이라도 어른거리면 금세 드러난다. '죽음 앞에서 지금 응시하기'는 '지금' 내가 붙들고 있는 그 무엇을 드러내보고, 그 것을 기꺼이 놓을 수 있는 힘을 얻고자 하는 작업이다.

당신에게 죽음은 어떤 의미일까? 모든 생명에게 죽음은 생애를 통틀어 가장 크고 특별한 사건이지만, 실감하기 어려운 문제이기도 하다. 스스로 경험해보지 않았음은 물론이고, 타인의 경험 또한 신뢰할 수 없는 영역이다. '임사 체험자'의 경험담을 듣고 곰곰이 되돌아보면, 그와 유사한 경험은 당신에게도 있다. 큰 충격을 받아 누구도 알아채지 못할 만큼 짧은 시간 동안 정신을 잃은 적이 있을 수 있다. 본의든 본의가 아니든 하루에 예닐곱 시간은 잠자리에서 '정신을 잃은 거와 다름없는 시간'을 갖는다. 임사 체험자와 당신의 차이는 그런 시간의 길고 짧음 정도일 것이다.

임사 체험자의 경험이 당신에게 문제가 되는 것은, 그가 '죽었다가 살아났다'는 사실이다. 결국 죽지 않은 임사 체험자는 죽음을 경험한 것일까, 죽음이라는 전설을 경험한 것일까? 혹시 그는 자기의 무의식을 경험한 건 아닐까? 임사 체험자의 경험담을 신뢰하면서도 이 질문 또한 포기할 수 없다. 우리에게 죽음이란 과연 무엇일까?

죽음은 살아 있는 동안 스스로가 직접 확인할 수 없는 사실이다 보니, 괴로움의 대상일 수밖에 없다. 그런 괴로움을 겪기 싫어서 아예 없는 것처럼 취급하기도 한다. 하지만 '외면'이 완강할수록 '있음'을 의식하는 모순을 끌어안게 된다. 차라리 자기 안의 죽음에 대한 이런저런 생각을 가볍게 드러내어 응시하는 게 막연한 부정 정서를 없애는 데 효과적일 것이다.

삶이 그저 삶일 수 있는 이유는 '지금 이 순간'의 '경험'을 알아차릴 수 있기 때문이다. 반면에 죽음은 당신이라는 생명의 '중단'을 입증해줄 '의식'조차 소멸한 상태다. 스스로 알 수 없음은 경험이 없는 것이고, 경험이 없음은 '있지 않은' 일이다. '도대체 이게 뭐지? 나에게 있지 않은 일을 내가 필연적으로 겪는 거잖아! 이 말도 안 되는 모순! 정말 나는 죽는 것일까?'

곰곰이 살펴보니, '죽음의 상태'는 자기 몫이라고 할 만한 내용이 전혀 없다. 자기 의지도 아니고 자기 삶의 이력에 들어갈 일도 없다. 냉정하게 말하면, 그저 자기 인생 마지막 자락에서 그 일이 있을 것으로 추측할 뿐이다. 죽음에 관한 당신의 지성은 추측, 딱 거기까지다.

살아 있는 당신에게 죽음은 두려움의 대상일까, 외면하고 싶은 현실일까? 두렵다 보니 외면하고, 외면하다 보니 두려워지는 걸까? 당신이 죽음을 두려워하거나 외면한다면, 그 이유는 무얼까? 아직 애착 대상이 남아 있기 때문은 아닐까? 못다 한 사랑에 대한 애착이 남아 있거나, 해야 할 일, 하고 싶은 일, 만나고 싶은 사람, 가보고 싶은 곳, 누리고 싶은 세상뿐 아니라, 자기라는 존재 자체에 대한 애착이 남아 있을 수 있다. 하지만 죽음은 생명 전체가 완전히 끊어진 상태다. 생애 마지막 호흡에 이른 순간 어렴풋이 알 수 있는 것은, 그것이 자신에게 충분히 예고됐었다는 사실이다. 붓다가 전생에 수행자였던 시절에 행한 일을 기록한《본생경》에는 이런 말이 나온다.

> "친지의 죽음은 곧 나의 한 부분이 죽은 것이다. 내 차례에 대한 예행연습이며, 현재 삶에 대한 반성이다. 삶은 불확실한 인생의 과정이지만, 죽음만은 틀림없는 인생의 매듭이기 때문에 엄숙할 수밖에 없다. 삶에는 한두 차례 시행착오가 용납될 수 있다. 그러나 죽음에는 그럴 만한 시간 여유가 없다. 그러니 잘 죽는 일은 잘 사는 일과 연결되어 있다."

일상을 살아가는 사람의 의식은 대체로 표피적이다. 두께가 몇 밀리미터도 안 되는 진피와 표피가 육신을 감싸고 있듯, 당신의 표면 의식은 당신이라는 존재 전반을 가까스로 감싸고 있다. 바람과 햇빛 따위에 민감하게 반응하는 피부처럼, 당신의 표면 의식은 판단과 분별거리 앞에서 수선스럽다. 예민하고 신경질적인 판단과 분별심에 포착되는 세상은 당신의 다양한 세포와 신경 다발에 연결되어 온갖 심인성 질환을 만들어내곤 한다.

당신은 판단과 분별의 울타리 안에서 웅성거리고 앉아 시시때때로 밀려오는 죽음의 신호 앞에서 종잡을 수 없이 휘둘리곤 한다.

욕망과 분노와 어리석음의 배면에 어슬렁거리는 죽음의 그림자를 내쫓거나 말끔히 씻어내지도 못하는 체념의 다른 형식이 두려움 내지 외면이다.

죽음은 당신이 평생 이어온 인연과 재산과 자연과 시간을 한순간에 공空으로 돌린다. 하지만 자기의 호흡, 밝은 눈, 단단한 근육, 촉촉한 혀, 민감한 입술, 매끈한 피부가 싱싱하게 살아 있는 이 상황에서 죽음을 실감해보려는 시도는 고무 팔을 만지는 것만큼이나 이질적이고 가당찮아 보인다. 자기의 죽음은 상상력을 최대한 발휘해도 실감하기 어렵다.

　자기의 죽음은 생의 추억을 함께 나눈 이의 죽음 앞에서야 겨우 실마리가 잡히곤 한다. 아들은 아버지의 죽음 앞에서 자기의 종말에 대한 이미지를 투영한다. '아, 나도 아버지처럼 이렇게 죽을 날이 오겠구나.' 고인에 대한 추도사를 작성하거나 유품을 정리하면서 자기 죽음의 한 자락을 힐끗 스쳐보기도 한다.

　'여기 우리가 사랑하고 존경했던 분이 하늘의 부름을 받아 이제 먼 길을 떠나고자 합니다…'

당신이 이와 유사한 문구를 떠올릴 수 있다면, 자기의 죽음에 바치는 각종 방식의 글쓰기 영감은 어렵지 않게 얻을 수 있을 것이다. 잠시 몸과 마음을 멈추고 내면의 소리를 들어보라. 자기의 생과 사를 기록하는 묘비명, 장기기증서, 묘지설계도 따위를 적어가는 동안, '지금-여기'에 대한 자기 인식이 차츰 선명해질 것이다.

✓ 자기의 죽음 앞에서 낭독할 '추도사' 적어보기
✓ 자기의 묘비명을 10자, 20자, 50자로 정리해보기
✓ 자기의 장기기증서, 지갑용 유서, 묘지설계도 등 작성해보기
✓ 죽음의 순간으로 가서 '지금-여기'에 있는 자기에게 해주고 싶은 말 적
　어보기
✓ 죽음의 순간에 가족에게 남기고 싶은 말 적어보기
✓ 죽음을 한 시간 앞둔 순간에 취할 태도 적어보기

'지금-여기'에서 죽음을 상정하는 일에는 의도가 있다. '지금-여기'가 어디인지 알 수 없을 때, 잘 살아가고 있는지 의문이 들 때, 감정이 극도로 혼란스러울 때, 떨치기 힘든 집착거리가 무엇인지 알 수 없을 때, 생애 끝자락에서 '지금-여기'를 되돌아보자. 평생을 두고 이룬 모든 것이 공으로 돌아감을 터럭만큼이라도 실감하는 사람의 '지금'은 달라질 수 있다. 예일대학교 철학 교수인 셜리 케이건Shelly Kagan은 저서《죽음이란 무엇인가》에서 이렇게 말한다.

> "사람은 자기 삶이 유한함을 분명히 인식할 때 지금의 삶을 행복하게 살려 한다."

'죽음 앞에서 지금 응시하기'는 말 그대로 **'필연적인 자기 죽음' 앞에서 '지금-여기'를 자세히 보자는 것**이다. 배우자, 자녀, 형제, 친지,

친구, 동료뿐 아니라 집이나 돈, 명예 따위가 꿈에서 깨어났을 때처럼 홀연히 사라지는 그 순간의 자신을 먼저 상정해보라. 시신이 되어 손발이 묶인 채로 관 속에 누워 있는 자기 모습을 구체적으로 떠올려보고, 그 상태에서 지금 이 순간의 자신을 바라보는 것이다. 지금 스스로에게 정말 중요한 것은 무엇인가?